典範的時代和理想的人格——
王振鵠館長與國立中央圖書館

顧力仁

airiti press
華藝學術出版社

圖 1 民國 66 年 12 月先生接任國立中央圖書館館長時攝

吳　序

　　王振鵠館長於民國 38 年即投入圖書館工作，歷任臺灣師範大學圖書館、社教系、及國立中央圖書館職務，至今仍為我國圖書館事業的發展盡心盡力，貢獻卓著，是臺灣光復以來對圖書館事業最具影響力的人物。本書敘述王館長於民國 66 年至 78 年在國立中央圖書館任內的事蹟，將眾多建樹歸納為五項：遷建國立中央圖書館、推動文化中心圖書館建設、發展自動化與書目網路、推動漢學研究及古籍整理、促進國內圖書館界合作及國際交流。這些建設，帶動我國圖書館事業的蓬勃發展。本書徵引文獻，描述王館長如何細心擘畫，將國立中央圖書館及我國圖書館事業帶向新的里程。同時，本書也分析王館長成功提昇館務發展的因素，除了當時國家重視文化建設以及教育部和相關上級單位的支持外，王館長精湛的學養、無私的胸襟、堅定的毅力、全心投入工作的領導風格，是為型塑「王館長時代」的重要因素。

　　我雖然沒有正式跟隨王館長工作，但很榮幸參與了國立中央圖書館的圖書館自動化作業計畫。民國 69 年至 71 年間，我是中國編目規則工作小組及中文機讀編目格式工作小組的成員。這段期間，每週總有幾個晚上在南海路中央圖書館開會，因此有更多機會接受王館長的教誨。當時，我剛踏入圖資領域不久，無論專業素養或待人處事，都須要磨練學習，王館長的風範及他對圖書館事業發展的理念及高瞻遠矚正是我景仰的榜樣。此外，在許多圖書館相關會議及活動場合，

我對於王館長思路的條理清晰欽佩不已。他的言談總是不急不徐，扼要簡明，加上沉穩柔和的語調，令人如沐春風。嚴文郁先生以「溫文儒雅、謙沖為懷、處世冷靜」稱讚王館長，本書行文之中也有許多類似的形容，例如：王館長自律甚嚴，但待人寬厚；有容人之量，也堅持原則；與人交往，以誠以恆。我覺得正是這些人格特質，使王館長成為眾人尊崇的學者及領導者。

力仁學棣於民國 72 年到國立中央圖書館工作，先任職於漢學研究資料暨服務中心，74 年調任秘書室，復於 75 年起負責秘書室業務。因此，力仁有許多近身跟隨王館長學習的機會，由他來撰寫王館長在中央圖書館的建樹，的確是不二人選。相信許多讀者都希望對王館長在國立中央圖書館任內的功績有更多瞭解，本書可說是極具參考價值，因此樂於為之序。

吳明德 謹識

國立臺灣大學圖書資訊系名譽教授

民國 103 年 2 月

目　　次

吳　序	iii
第一章　前言	**1**
第一節　國立中央圖書館自籌備至遷臺的發展	3
第二節　國家圖書館的特性及功能	5
第三節　中國近代著名的國家圖書館館長	8
第四節　王振鵠館長與國立中央圖書館	12
第二章　早期學經歷	**13**
第一節　早年經歷	15
第二節　投身圖書館及赴美深造	16
第三節　教學、研究與服務	19
第四節　關心臺灣圖書館發展	22
第五節　借調擔任國立中央圖書館館長	24
第三章　遷建國立中央圖書館	**29**
第一節　土地取得	32
第二節　規畫設計	33
第三節　建築經費	34
第四節　工程招標	34
第五節　工程進行	35

第四章　推動文化中心圖書館建設　　　　　**39**
　　第一節　規劃與設置階段　　　　　　　　42
　　第二節　推動與強化階段　　　　　　　　44
　　第三節　評鑑與檢討階段　　　　　　　　46

第五章　發展自動化與書目網路　　　　　　**49**
　　第一節　緣　起　　　　　　　　　　　　51
　　第二節　實施過程　　　　　　　　　　　52
　　第三節　效益及影響　　　　　　　　　　55
　　第四節　結　論　　　　　　　　　　　　62

第六章　推動漢學研究及古籍整理　　　　　**63**
　　第一節　緣　起　　　　　　　　　　　　65
　　第二節　推動過程　　　　　　　　　　　66
　　第三節　效益及影響　　　　　　　　　　76
　　第四節　結　論　　　　　　　　　　　　81

第七章　促進國內圖書館界合作與國際交流　**83**
　　第一節　緣　起　　　　　　　　　　　　85
　　第二節　國內圖書館界合作　　　　　　　86
　　第三節　國際交流　　　　　　　　　　　95
　　第四節　效益及影響　　　　　　　　　　106
　　第五節　結　論　　　　　　　　　　　　110

第八章　提昇館務發展的重要因素　　　　　**113**
　　第一節　國家重視文化建設　　　　　　　115
　　第二節　外界提供相關協助　　　　　　　116
　　第三節　內部的團結合作　　　　　　　　122
　　第四節　先生精湛的學養　　　　　　　　125

第九章　勛獎與榮譽　　　　　　　　　　　**137**

第十章　總　結　　　　　　　　　　　　　**149**
　　第一節　先生任國立中央圖書館館長治績　151
　　第二節　先生出任及卸任館長時館務比較　154
　　第三節　國家圖書館館長的角色　　　　　156
　　第四節　國家圖書館的服務　　　　　　　159

參考文獻　　　　　　　　　　　　　　　**165**

附　錄　　　　　　　　　　　　　　　　**175**
　　附錄一：〈王教授振鵠先生論著述要及其學術思想〉　177
　　　　一、被引用次數最多的圖書館學者　　179
　　　　二、三個階段的學術研究　　　　　　180
　　　　三、重要作品綜述　　　　　　　　　183
　　　　四、研究及治事所秉持的信念　　　　194
　　　　五、半世紀來影響臺灣圖書館事業最深遠的學者　203
　　附錄二：〈王振鵠教授與圖書館事業〉　　207

英文摘要及目次	**223**
Abstract	225
Contents	226

後記	**227**

圖片目次

圖 1	民國66年12月先生接任國立中央圖書館館長時攝	i
圖 2	先生與蔣前館長慰堂於其壽筵時攝	10
圖 3	民國61年先生任教師範大學兼圖書館館長時主持會議	21
圖 4	民國66年3月31日中央圖書館館長交接典禮	25
圖 5	國立中央圖書館於民國75年落成的新廈	31
圖 6	民國71年10月12日新館動工典禮先生向朱滙森部長介紹建築模型	37
圖 7	國立中央圖書館《文化中心圖書館工作手冊》	46
圖 8	圖書館自動化出版品	54
圖 9	民國74年4月1日方志學研討會中致詞	73
圖 10	先生所起草的〈圖書館法草案〉手稿	91
圖 11	民國70年李約瑟博士訪問國立中央圖書館	96
圖 12	民國72年亞太地區第一屆圖書館學術研討會	99
圖 13	政務委員李國鼎先生於資訊圖書館啟用典禮	118
圖 14	民國76年3月19日羅馬教廷頒授聖思維爵士勳獎	141
圖 15	民國77年6月10日俄亥俄大學頒發榮譽法學博士學位，先生暨夫人與校長 Dr. Charles J. Ping 夫婦合影	146
圖 16	先生摘《國立中央圖書館遷館紀念特刊》中文教先進策勵期勉要旨與同仁共勉	160

第一章 前言

第一章 前言

第一節 國立中央圖書館自籌備至遷臺的發展

民國 16 年，國民政府定都南京，次（17）年 5 月，大學院（即教育部）召開第一次全國教育會議，決議在首都籌設國立中央圖書館（以下簡稱中央圖書館），作為全國最高學術文化的庫藏，並為各地方圖書館的示範。當時國內戰事紛擾，又日寇謀我甚亟，此議遂緩。民國 22 年先成立籌備處，派蔣復璁先生任籌備委員。蔣復璁先生，北京大學哲學系畢業，曾任職北京圖書館，留學德國柏林大學，並修習圖書館學。籌備前半年，僅由交通部按月撥助二千元，困窘可知。籌備期間，篳路藍縷，從無到有，至為艱難，卒賴蔣復璁先生多方徵集圖書，包括購置西文參考工具書、徵集政府機構所出版的公報及各種出版品，又透過出版法的修訂，要求全國出版品皆需送繳國立中央圖書館，以及與商務印書館合作影印《四庫全書》，出版《四庫全書珍本初集》，取得 150 套，與國外學術團體交換所需西文圖書，藉此充實館藏，奠定服務的基礎。民國 24 年，距籌備開始越二年，館藏已逾十萬冊，期刊已有二千種。

民國 26 年，中央圖書館猶在籌備期間，館藏粗備，又得中英庚款董事會補助經費，著手籌建新館。以中日戰起，政府西遷，遂自南京疏運館藏，沿長江上溯抵達重慶。民國 27 年，恢復閱覽。民國 29 年，籌備結束，正式成立，

由蔣復璁先生任館長，頒布組織條例，明訂「國立中央圖書館隸屬於教育部，掌理關於圖書之蒐集、編藏、考訂、展覽及全國圖書館事業之輔導事宜。」（組織條例第一條）民國30年重慶分館建成，舉辦各項文化及學術活動，當時譽稱為「戰時文化之宮」。

抗戰時期中央圖書館在蔣復璁館長的策劃下，運用中英庚款撥助的館舍建築經費，在上海以及香港搜購大批善本圖書，在上海以「文獻保存同志會」的名義向江南藏書家購入大量善本古籍，其中以吳興張鈞衡適園藏書以及江西劉承幹嘉業堂兩批累世所積古籍為最大宗，成為中央圖書館最重要的館藏基礎。

民國34年抗戰勝利，中央圖書館遷回南京。民國37年12月，又以內戰遷臺，圖書分置新竹楊梅及臺中霧峰北溝。直到民國43年在臺北復館，仍由蔣復璁先生任館長。

民國55年蔣復璁館長卸任，屈萬里先生接任，繼之由包遵彭先生、鮑幼玉先生、李志鍾先生、謝又華先生、諸家駿先生陸續主持館務，民國66年，王振鵠先生接任館長。

中央圖書館自民國22年後歷經籌備創館、抗戰西遷、勝利建都、遷臺復館等階段，始終與國家同處憂患，也在憂患之中茁壯成長，增益不能。在如此艱困的過程中，中央圖書館仍然恪守其保存國家文化、提供學術發展以及貢獻國際交流等各方面的職責，殊屬難能可貴。

第二節 國家圖書館的特性及功能

西元 1795 法國大革命之後,法國國民議會宣佈將原來屬於皇家的圖書館列為國家的財產,宣佈成立法國國家圖書館(Bibliothéque Nationale),正式開啟了近代的國家圖書館。

近代的國家圖書館,依照成立的時間先後,可分為三個階段。第一代的國家圖書館約從 1800 年到拿破崙時代,例如法國國家圖書館、大英圖書館、美國國會圖書館……等,館藏多由皇家所藏或私人藏書而來,多半為議會圖書館的形態,藏書廣博以及為議會服務是其特色。第二代的國家圖書館從拿破崙時代到第二次世界大戰之間,成立的目的或是服務議會、或是提供文化教育功能,前者如加拿大、澳洲、紐西蘭的國家圖書館,後者如蘇聯、瑞士的國家圖書館。第三代的國家圖書館係第二次世界大戰以降新興國家所設置,它們的功能日益複雜,不但徵集本國文獻,也成為國際出版品的交換中心和寄存地,並且擔任國家的資訊中心,例如日本、韓國的國會圖書館、新加坡國家圖書館……等。

國家圖書館可分為四種類型,分別是:
一、公共型:發展中國家的國家圖書館多兼具公共圖書館的功能。

二、學術型：芬蘭的赫爾辛基大學圖書館以及挪威的奧斯陸大學圖書館兼具國家圖書館的角色。

三、議會型：例如美國國會圖書館、日本國立國會圖書館、澳洲國家圖書館。

四、專門型：如美國的國立醫學、農業圖書館和全國盲人圖書館。

大英圖書館的前身是大英博物館圖書館，為了提供全國性的參考、借閱、書目服務以及研究發展的整體功能，並且發揮經濟有效的服務，英國將大英博物院圖書館、國立科學發明參考圖書館、國立中央圖書館、國立科技出借圖書館、英國國家書目局以及科技資訊局等機構合併，改組為大英圖書館，這是國家圖書館在現代化的發展過程中令人印象最深刻的例子。

根據"Encyclopedia of Library and Information Science"所作的定義，國家圖書館是出版品的法定寄存處，可供一般檢索；也是該國的書目中心、連絡中心，計劃與強化整個圖書館系統的單位。半世紀以來，國家圖書館應該具備那些功能屢屢受到重視，其中韓福瑞（K. W. Humphreys）於1966年所提出的基本、值得提供和非必要的三大類功能，國際圖書館協會聯合會（IFLA）所歸納的14條功能，萊恩（Maurice B. Line）在1980年對韓福瑞所作的修正，阿納哈李（Abdulaziz Mohamed Al-Nahari）在1984年綜合

歷來研究，將 22 項國家圖書館的功能分成五大類，[1]而這 22 項功能會隨著所在國家的政治、經濟等外在因素而有先後不同的推動順序，萊因把它們歸納成第一優先、第二優先以及第三優先三種順序，[2]1989 年萊因再作進一步的分析，將那些由國家圖書館，而不是其他類型的圖書館來承擔的功能列舉出 11 項。[3]

所以，國家圖書館應當要發揮什麼功能？沒有一成不變的規定，這也就是為什麼半世紀以來眾說紛紜，但沒有定論的原因。然而，從國家圖書館所在國家的外在環境，包括其政治、經濟、社會、文化……等因素，去定出它應該扮演的角色，是找出這個國家圖書館所應該發揮的功能之有效途徑。

---

1 這五大類也就是：1. 與典藏文獻的相關功能，2. 與書目控制相關的功能，3. 與集中化技術服務相關的功能，4. 與圖書館及資訊服務相關的功能，5. 與讀者服務相關的功能。見徐金芬，〈國家圖書館書目服務的功能初探〉，《書苑》，24（臺中市：1995a），頁 69。

2 其中被列在第一優先的功能包括：1. 擔任法定呈繳圖書館，2. 擔任國家文獻的集中典藏處，3. 收藏與本國有關的外國文獻或本國人在國外所出版的作品，4. 出版國家書目，5. 擔任國家書目中心，6. 發展和維護與本國有關的書目資料庫。見徐金芬，〈國家圖書館書目服務的功能初探〉，頁 71。

3 他是從國家圖書館和其他圖書館所扮演的角色來釐清國家圖書館應承擔的任務，將這 11 項和上述的 6 種第一優先功能加以比較，擔任法定呈繳、收藏與典藏國家文獻、編製國家書目和發展有關書目資料庫等功能都沒有改變，但是新增加了三個任務，第一個是「資訊」的任務，也就是資訊的利用；第二個是「輔導」的任務，包括了對圖書館和資訊單位的服務以及對圖書館和資訊單位的領導與建議；第三個是與「訓練和研究」有關的任務，包括了規劃與協調、教育與訓練以及研究與發展。見徐金芬，〈國家圖書館書目服務的功能初探〉，頁 73。

中央圖書館作為一個國家圖書館,應該具備哪些功能?王振鵠館長認為應具備以下 5 項功能,包括:1.文化典藏的責任,2.國家書目的編製,3.資訊服務與協助研究,4.出版品國際交換業務,5.圖書館事業的研究與輔導。根據這些功能,王振鵠館長於民國 76 年定出中央圖書館未來應該作的事包括:1.加強館藏的發展與處理,2.改進國家書目與聯合目錄,3.提昇圖書借閱及參考服務的品質,4.注意海外漢學研究資料的蒐集,以及 5.行政支援與配合。[4]

第三節 中國近代著名的國家圖書館館長

國家圖書館的重要性及其功能有如上述,我國圖書館事業萌芽於晚清,成長於民國,其發展一如國家的處境,在憂患中歷經艱困。清宣統元年(1909)年京師圖書館於北平成立,是中國第一所國立圖書館;民國 22 年(1933)國立中央圖書館在南京籌備,是第二所國立圖書館,兩者都負肩了國家圖書館的使命及責任。

民國 17 年,京師圖書館改稱國立北平圖書館,次年與北平北海圖書館合併,成為當時中國最大的圖書館。民國 15 年袁同禮先生任北京圖書館主任,18 年任副館長,23 年任館長,至民國 37 年離任,在北京圖書館共計服務

---

[4] 王振鵠,〈我們的責任及未來發展的方向〉,《國立中央圖書館館訊》,9:4(臺北市:1987),頁 2-5。

第一章 前言

22 年。袁同禮先生先後就讀北京大學、美哥倫比亞大學、紐約州立圖書館專科學校,既有國學根柢,復接受西方圖書館學的洗禮。先生任內,建樹甚多,民國 20 年,得中華文化基金會(美國退還庚款所成立)資助,建成當時最大的圖書館。又多方徵集文獻,充裕館藏,包括梁啟超先生藏書、西南地區方志、拓片及少數民族文獻、流失海外的敦煌卷子及永樂大典。抗戰爆發,先生將館藏善本精華移運上海,再輾轉運到美國國會圖書館代存,以免被戰火焚毀或落入日敵手中。先生創編《國立北平圖書館館刊》、英文版《圖書季刊》,促進學術並嘉惠文化交流。抗戰時期,後方被戰火阻隔,先生發起海外徵書運動,延續並促進後方的學術研究工作。先生於北京圖書館任內,既推動服務觀念的轉型,又引進西方學理和制度,同時引入西方管理技術並加以突破,對中國圖書館的現代化貢獻殊深。

國立中央圖書館是中國第二個國立圖書館,民國 22 年於南京籌備,由蔣復璁先生籌備處主任。(圖 2)籌設之初,既無經費,又缺館藏。民國 26 年遷至重慶,29 年正式成立,由蔣復璁先生任館長。民國 34 年遷回南京,37 年又遷至臺灣。民國 43 年在臺北復館,以迄於今。由民國 22 年籌備成立至民國 55 年,蔣復璁先生在中央圖書館前後服務 33 年。

蔣復璁先生任內,中央圖書館一再遷徙,居無定所,館務經營至為不易。蔣復璁先生曾在德國柏林大學與普魯

士邦立圖書館合辦的圖書館學院修習圖書館學,以其過人的毅力,耗費心血,使中央圖書館從無到有,並從有到好。蔣復璁先生在館期間,洽印《四庫全書珍本初集》,不僅以所獲贈的四庫珍本與世界各重要圖書館建立交換關係,也使得當時名聲不甚響亮的中央圖書館受到各方矚目。抗戰期間,蔣復璁先生以中英庚款董事會擬撥助興建館舍的建築經費,在上海及香港兩地大量搜購善本圖書,除了保存國故不至被日偽及其他西方國家購走以外,並且奠定中央圖書館的館藏基礎。

圖 2　先生與蔣前館長慰堂於其壽筵時攝

第一章　前言

　　民國 38 年，先生將館藏善本移運臺灣，這批藏書成為臺灣重要的學術研究資源，也是全世界所重視的漢學研究書藏。中央圖書館在臺復館，館舍狹隘，先生爭取美援及各方補助，多方修葺，繼之添建，再予改建擴充。中央圖書館自籌備到在臺復館，幾經遷移，先生從籌備創館、抗戰疏運、戰後復館至播遷來臺，辛勤擘畫，經之營之，備經艱辛。

　　蔣復璁與袁同禮兩位先生皆是中國近世著名的國家圖書館館長，兩位都有中西學術背景，並以現代化作為來治理館務，且致力於充裕館藏、擴增館舍、支援學術、發揚國學，同時重視與國際圖書館界保持密切的交流關係，他們的作為不但提昇國家圖書館的地位，並且對本國文化以及國際交流都產生貢獻。

　　作為國家圖書館館長，他們具有一個共同的特徵，就是護持文化、不遺餘力，這一點由蔣復璁先生在抗戰時期於淪陷區搜購善本古籍以及袁同禮先生在抗戰時期移運館藏善本古籍可為佐證。在他們的心目中，圖書館所保存的不僅僅是那些看得見的文獻資料而已，還包括隱含在文獻之中的國家文化在內；而他們所服務的對象，也不僅僅是看得見的機構與讀者，還包括看不見的文化。也由於時時刻刻存有這個服務文化的動機，促使他們不論外在環境的險阻困難，一心一意要藉著圖書館的服務，來充實國人的知識，增強國家的競爭力，並且延續民族文化的脈絡。

第四節　王振鵠館長與國立中央圖書館

先生是中央圖書館第六任館長,早於民國 38 年即投身圖書館服務,又曾於美國范德比大學攻讀圖書館學,歷任師範大學圖書館館長、師範大學社會教育系主任以及圖書館組召集人、中國圖書館學會常務理事……等職。

先生於民國 66 年任國立中央圖書館館長,至 78 年卸任,前後凡 12 年。任內遷建館舍、推動文化中心圖書館建設、發展圖書館自動化與書目網路、推動漢學研究及古籍整理、促進國內圖書館界合作與國際交流等。影響所及,不僅提昇臺灣圖書館的服務,並且受到國際圖書館的重視。

本書敘述先生於中央圖書館館長任內的館務發展,並將先生提昇館務發展的原因歸納為四個因素,分別是:一、國家重視文化建設,二、外界提供相關協助,三、內部的團結合作,四、先生精湛的學養;此外,並將各方頒授給先生的勳獎與榮譽逐一說明,最後總結先生任中央圖書館館長時的治績、國家圖書館館長的角色以及國家圖書館的服務。

第二章 早期學經歷

第一節 早年經歷

先生於民國 13 年出生於天津,與國家的內憂外患一同成長,鍛鍊出堅持負重的個性。

先生自律甚嚴,這和曾經就讀教會學校有關。先生於 13 歲時離家讀教會初中,作息都由外籍神父管理,以至養成有規律的生活習慣,影響一生。

學生時代,先生經歷了非常嚴苛的際遇,形成了一生的人生態度。時值中日戰爭,華北淪陷,反日情緒高漲,先生參加「抗日鋤奸團」,因組織被敵偽破獲,日本憲兵隊曾到先生所住租界家中大肆搜尋,先生鎮定應對,沒有透露任何線索,當時年僅 16 歲。三年後,先生遭日本憲警逮捕入獄,被判監禁三年,他曾追憶這段牢獄生活的艱難及其影響:[1]

> ……審訊時,日本憲兵都以大聲咆哮、辱罵、拳打腳踢、木劍拍擊、灌喝冷水等酷刑作為取供手段;有時帶著一隻狼犬,答覆問題稍有遲疑或不滿意,憲兵就吆喝狼犬,向大腿處咬去。……一共在監獄中關了兩年六個多月,對

---

1 王振鵠,《書緣:圖書館生涯五十年》(臺北市:王振鵠教授八秩榮慶籌備小組,2004),頁 13、20-21。

我影響最大的是身體變得虛弱。……其次，獄中生活影響我極大的是待人接物的態度，……監獄中，見識形形色色不同的人，……自私自利的人性弱點充分表露無遺，但是也感受到同伴之間的關懷和扶持。……第三是經過兩年多的折磨，養成內斂的個性。……由於長久的禁閉，養成了思考的習慣，較為多層面和深入的考慮問題。……坐監兩年半後，已經磨練到與人無爭和冷靜沈著的地步，……。

先生於抗戰勝利前夕出獄，旋在北平入大學。民國37年，先生大學畢業，因國共戰爭，攜眷輾轉由北平經青島、上海、廈門到臺灣。

第二節 投身圖書館及赴美深造

民國38年，先生抵臺不久，經友人介紹到臺北師範學院圖書館工作，剛開始負責管理參考書和典藏圖書。先生認真花了三數月，徹底瞭解所有館藏。當時圖書資源有限又採開架閱覽，書既少而借的人多。屢借不到，學生不免感到遺憾，而師院有不少流亡學生，飽受失學之苦，渴慕學習，日後任教政治大學的喬衍琯教授即是其中之一，

第二章　早期學經歷

他後來寫了一篇〈四十五年前的開架式〉，說：[2]

> ……運氣好的話，遇到王振鵠老師，當時的職位，好像是館員，並不擔任找書的工作。可是看到我們借不到書的窘境，便會拿了一串鎖匙，帶著我們到線裝書庫，自己到書架上去找，就省事多了，也比較能找到喜歡看的書。在今天來看，就是開架式的方式，可是四十多年前的大學生，則是很特殊的際遇，衹有老師才能享受得到。……

喬文感慨的說「要得在本分之外，提供特別服務，才能使未見世面的大學生，大開眼界。」

民國41年，先生調任師院出版組主任，兩年後重回圖書館，接掌館務。當時師院圖書館啟用新館，除了開設「教育資料室」以外，並且提供「參考服務」，前者是一間開架式的專科閱覽室；後者陳列中外文參考書，並有專責館員，這些在當年都算是先進的作法。

民國47年，先生通過甄試，獲選赴美考察圖書館，並申請到范德比大學畢保德圖書館學研究所（George

2　喬衍琯，〈四十五年前的開架式〉，收於《寸心銘感集：王振鵠教授的小故事》（臺北市：寸心銘感集編輯委員會，1994），頁53。

Peabody College, Vanderbilt University, Nashville, Tenn., USA）攻讀碩士。這時距先生投入圖書館行列已近十年，實務及管理經驗兼具。讀研究所的一年之間，課程及實習非常緊湊，先生仍利用課餘時間，或抄寫卡片，或複印原件，多方廣泛蒐集國外圖書館各方面的發展資料，以備日後借鑑他山之石。

在美最後一個學季（quarter）的 12 個星期，先生搭乘灰狗巴士，訪問了 76 所有關圖書館機構，一年間陸續參訪近百所圖書館。其中，美國國會圖書館所承擔的國家圖書館職能、哈佛大學圖書館的規模及中文館藏、普林斯頓大學圖書館結合圖書資源與教學研究活動、紐約市公共圖書館的服務社會功能以及費城公共圖書館在總館與諸分館之間所設立的區域館（Regional library）等等給先生留下深刻的印象。[3]

初識美國圖書館後，先生感觸良多，他認為「美國不論是公共圖書館、大學圖書館，或是專門圖書館，都以滿足社會及使用者的（社會）需求為其致力的目標，在專業化的管理制度下，建立起圖書館的服務理念與服務模式。」[4] 上述的「社會需求、專業管理、服務理念與模式」日後深深影響先生的作為。

3　王振鵠，《書緣：圖書館生涯五十年》，頁 47-57。
4　王振鵠，《書緣：圖書館生涯五十年》，頁 57。

第三節 教學、研究與服務

民國48年9月先生自美進修返國,繼續擔任師範學院圖書館主任,49年起任教師範學院社會教育學系,自此開啟先生超過半世紀的教學生涯。盧荷生教授推崇先生「參與、設計、推動（臺灣圖書館學）教育,春風化雨,是事業發展的動力泉源。」[5]

師院社會教育學系分設圖書館學,新聞學和社會工作三組,其中圖書館學組是臺灣第一個培育圖書館專業人員的機構。先生陸續開授圖書館學概論、圖書選擇與採訪、圖書館行政、中文參考與服務、分類編目學、比較圖書館學以及大學、公共圖書館管理……等科目,含括圖書館的技術服務、讀者服務以及行政管理各領域。如何培養一位優良的圖書館員？需要具備那些條件？先生認同美國近代圖書館學家薛拉（Jesse H. Shera）的看法,即優良館員需要有以下三個條件,分別是：「對所保管的知識記錄要充分的認識和瞭解；能將這份知識傳達給他人；以及要有幽默感。」[6]

先生在教學中,言教身教並重,早年在師院的學生張

---

[5] 盧荷生,〈王振鵠館長與臺灣圖書館事業——恭賀 振鵠先生八十嵩壽〉,《國家圖書館館刊》,93:1（臺北市：2004）,頁5。

[6] 王振鵠,《書緣：圖書館生涯五十年》,頁62。

錦郎先生以「善教者使人繼其志」來形容先生在圖書館教學的影響，他說：[7]

> ……善教者使人繼其志……王館長振鵠師當之無愧。他的學養與典範如風行草偃，給人的影響是那麼的自然。今日獻身臺灣圖書館事業，為臺灣圖書館資訊業認真打拼的朋友，不但大部分受教於王館長振鵠師，而且，更重要的是，他們決定選擇圖書館這個行業，並兢兢業業，是受到王館長振鵠師的影響。這不是一件容易的事，不是每一個人都能作的到，……這個影響力是什麼？很難具體地說出，或看他主持會議，或聽他講話（不論開場白或結論）。看他表情、眼神、舉手投足等等，給人一種感覺：圖書館事業是一份很神聖的工作，要敬業、要執著、要全力以赴。……

先生從民國44年起發表有關圖書館學的研究，在美深造時，利用課餘，廣泛蒐集圖書館學資料，並勤作筆記，以備日後專題研究參考。自美返國任教後的二十餘年間，陸續發表多本譯著、並撰寫國科會論文十多種以及其他各類圖書館學論文近60篇。自民國44年至66年（是年先

---

7 張錦郎，〈善教者使人繼其志〉，收於《寸心銘感集：王振鵠教授的小故事》，頁44-45。

生借調到中央圖書館），是先生在學術研究上的「奠基時期」。在這段時間所奠定的基礎上，逐步形成先生日後在學術研究上的「全面發展時期」以及「學術集粹時期」。[8]

除了教學以及研究以外，先生仍兼任師院圖書館主任。民國 55 年，師範學院改制為師範大學，先生繼續兼任師大圖書館館長，民國 61 年又兼任社會教育學系系主任，（圖 3）同年擔任中國圖書館學會出版委員會召集人，

圖 3　民國 61 年先生任教師範大學兼圖書館館長時主持會議

8　倪波，〈振鵠論〉，《圖書與情報》，4（甘肅省：1994），頁 36。

民國 63 年主編《圖書館學》，列為大學用書。民國 64 年，先生創編《圖書館學與資訊科學》半年刊，作為國內外圖書館從業人員在學術交流及合作研究的重要發表園地。

先生身負教學、研究與服務多重角色，不但不引以為苦，反倒成為他一生中「最甜美的回憶」。[9] 究竟是什麼力量驅動先生樂在其中？他說：[10]

> 由於圖書館學是一門應用科學，偏重實用性和適應性，當時中文教材陳舊不足，許多教材採用國外的著作和資料，時有未能切合我國實際情況之處，所以必先經過一番吸收、消化及融合的過程，而在教學、研究和實務三方面必須兼籌並顧。由於我在教學之外，兼掌圖書館工作，有方便的研究和實習環境，比較容易獲得研究和教學資源，也容易印證實務上的適應性。

第四節 關心臺灣圖書館發展

政府遷臺後，百事待興，資源有限，教育當局及社會人士對圖書館普徧缺乏認識，除少數圖書館稍有規模外，

---

9 王振鵠，《書緣：圖書館生涯五十年》，頁 58。
10 王振鵠，《書緣：圖書館生涯五十年》，頁 58。

第二章 早期學經歷

大都人員不足，經費短絀，經營困難。

先生透過持續不斷的教學、研究與服務，對於圖書館的功能有深入的體認，他嘗說：[11]

> 圖書館學是一種知識與技能，據以研究圖書館經營的理論與實際，以及有關圖書資料之選擇、蒐集、組織與運用的方法。圖書館學的效用，對國家社會而言，他是統御國家文化資源，推展社會教育的一種手段；對圖書管理機構而言，他是一項資料處理的應用技術；對個人而言，他是一項治學的門徑與研究的方法。

既然圖書館在國家文化及社會教育中扮演如此重要的角色，那究竟如何才能發揮它的影響力？先生認為必須要先訂出一個長期發展的計劃，進而逐步推廣並落實圖書館的整體服務。民國 61 年，先生發表〈論全面發展圖書館事業之途徑〉一文，提出以下五點可行的辦法，包括：[12]

---

11 王振鵠，〈前言〉，《圖書館學》（臺北市：臺灣學生書局，1974），頁 1。
12 王振鵠，〈論全面發展圖書館事業之途徑〉，《教育資料科學月刊》，4:4（臺北縣：1972b），頁 2-3。

一、設置專門機構管理全國圖書館事業；

二、制定「圖書館事業法案」；

三、組織全省公共圖書館網，謀圖書館事業之整體發展；

四、加強學術圖書館之合作，用以配合學術研究；

五、合作經營中、小學圖書館，配合國民教育之延長與發展。

　　這是先生參酌各國圖書館事業發展的趨勢，並針對當時的現況，所提出的具體改善方案，既包含了各類型圖書館的需要，也考量到中央及地方的差異，並且在每一點下都提出可行的實施要領，例如「圖書館事業法案」的制訂，應包括圖書館所承擔的任務，應有的組織，人員的條件，應有經費數額，中央與地方對圖書館事業所應承擔之責任以及全國圖書館制度之建立等法條。

　　從這篇論述，可以看到先生對於本土需要的體察，也反映了先生對臺灣圖書館發展的關懷。

　　自先生於民國 38 年投身到圖書館的行列，之後赴美深造、返國任教、從事研究、提供服務，逐步將先生與臺灣圖書館事業的發展緊密地連接在一起，也將先生慢慢帶到另一個「全面推動發展臺灣圖書館事業」更宏觀的角色。

第五節　借調擔任國立中央圖書館館長

　　民國 66 年，教育部向師範大學借調先生擔任中央圖

書館館長,(圖4)借調的事醞釀多年。[13] 在此之前,先生在師範大學已服務 28 年,自美深造返國也超過 18 年,無論在教學、研究及服務上迭有建樹,不但對圖書館學以及圖書館服務有深刻的心得,也對全面推動臺灣的圖書館事業深具遠見,同時也多方體察國際圖書館的發展趨勢;尤其多年擔任師範大學圖書館館長,擁有豐富的管理經驗,陸續推動組織重建、館藏發展、資料整理以及推廣服務,使該館成為一個教學和研究並重的學術圖書館,以上這些因素,說明先生足以膺任中央圖書館館長。

圖 4　民國 66 年 3 月 31 日中央圖書館館長交接典禮(左起:諸家駿館長、施啟揚次長)

---

[13] 民國 61 年,教育部即和先生接觸,希擔任中央圖書館館長,而為先生婉謝,詳見王振鵠,《書緣:圖書館生涯五十年》,頁 74-77。

中央圖書館自蔣復璁先生辭卸館長之後至先生接任時，約有十餘年，其間經歷多任館長，分別是屈萬里、包遵彭、鮑幼玉、李志鍾、謝又華（兼代館長）及諸家駿等先生，任期最長的不過近四年（諸家駿先生）、最短的祇有六個月（鮑幼玉先生），平均不到二年，各任館長對圖書館的發展俱有貢獻，但任期有限、更迭頻繁，館務難免貫串不易，而館舍湫隘、藏書不足、人力短絀，更是長久以來存在的問題。

對先生而言，轉任公職是一個犧牲與奉獻的開始，日後先生回憶說：[14]

> 六十六年三月十九日，我交卸了在師大的工作，當時的心情真是百感交集，絲毫沒有一點高興喜悅的心情。總覺得面臨的是一個責任，一個很沈重的負擔。我可說是在好友策勵下，懷著戒慎恐懼的心情到了中央圖書館。

先生接任後，首先考量到中央圖書館的「定位」，包括在國內以及在國際間，先生認為：[15]

---

14 王振鵠，《書緣：圖書館生涯五十年》，頁 73。
15 王振鵠，《書緣：圖書館生涯五十年》，頁 86-88。

第二章 早期學經歷

> 就中央圖書館的地位而言，本身既是國家級的領導圖書館，也是一個學術性研究圖書館，同時又是全國圖書館事業的中心圖書館，所以在任務功能上應該要和一般的圖書館有明顯的不同。……中央圖書館能在國際間有其地位，除了歷史淵源之外，最重要的還是善本圖書的收藏和各項目錄的編製，對學術研究的貢獻。

除了「定位」以外，先生也積極找出當時所面臨的幾個重要問題，分別是人員編制嚴重不足，館舍侷促不敷使用，以及呈繳率偏低，購書費有限，館藏不夠。[16]

定位既明，也瞭解到實際的問題之後，先生繼而規劃解決的途徑，並且分期定程，以求逐步改善。

從民國66年至78年，先生領導中央圖書館前後12年，以下分別說明先生在中央圖書館的治績。

---

16 王振鵠，《書緣：圖書館生涯五十年》，頁 85-86。

第三章 遷建國立中央圖書館

第三章 遷建國立中央圖書館

　　中央圖書館遷建新館（圖5）以及縣市文化中心的興建都是當年文化建設的重要項目，對臺灣圖書館事業的發展影響至深。

圖5　國立中央圖書館於民國75年落成的新廈（來源：國立中央圖書館，《國立中央圖書館概況：邀您共享一席豐碩的知識盛宴》，臺北市：國立中央圖書館，1988，頁36。）

先生接掌中央圖書館之後，即多方連絡並洽詢可供遷建新館的土地。[1] 民國 66 年 9 月，政府繼「十大建設」後，繼續推動「十二項建設」，並將中央圖書館的遷建納入，成為文化建設中的重要項目。67 年 1 月教育部籌組中央圖書館遷建委員會，由政務次長擔任召集人，先生任工作小組負責人，自此展開長達八年的遷建工作。

遷建作業內容廣泛，從研訂需求、徵用土地、住戶搬遷、取得用地、公開徵圖、進行評審、正式設計、工作招標、監造督工、品質檢驗、驗收付款，直到內部裝潢、空間調整……等不一而足，後續工作還包括傢俱設計、圖書搬遷……等，過程至為繁瑣。

遷建工作困難重重，舉其要者，說明如下：

第一節　土地取得

建築用地的取用幾經波折，由最初的信義計劃區內改換成目前的中山南路公有地，這塊土地住戶複雜，包括合法、代替合法、私下頂讓、合法違建、非法違建、火燒戶、合法租用、非法租用等種種情形。之後由各相關單位聯署函請臺北市政府組成專案小組，辦理拆遷、補償及安置事宜，專案小組召開 11 次會議，歷時近一年半，會議中住

---

[1] 王振鵠，《書緣：圖書館生涯五十年》，頁 97。

戶代表激烈抗爭，以求多方爭取補償。直到民國 70 年 11 月，地上物仍未全數拆遷，後由臺北市政府執行強制拆除工作，當時動員拆除大隊、警力、醫護人員近 300 人，拆遷結束後隨即進行整地圍籬，取得用地。[2]

第二節　規畫設計

在徵求新館設計之前，為求周全，特別重視規畫，並且草擬「國立中央圖書館遷建計畫書」，並經籌建委員會多次討論修訂，這份計畫書是臺灣圖書館建築的創舉，它強調新館的功能、管理及設計，不但力求在造型上要表現出我國獨特的風格及精神，也同時考量到資訊管理的發展。[3] 民國 69 年 9 月，辦理公告徵求設計並舉行競圖，由教育部聘請專家學者、機關代表進行評審，並且分為初評和複評兩個階段，最後遴選出柏森建築師事務所負責設計及監造。在設計過程中，建築顧問及建築師並赴國外考察，吸取經驗，力求符合規畫要求。由於建地有限，縱深不足，之後又經臺北市政府增撥土地，並修正設計。

2　摘自遷建新館籌劃作業紀要，頁 31-32。中央圖書館遷建工作小組，〈遷建新館籌劃作業紀要〉，《國立中央圖書館館刊》，16:1（臺北市：1983），頁 25-39。

3　教育部國立中央圖書館遷建委員會工作小組擬訂，〈國立中央圖書館遷建計劃書〉，《圖書館學與資訊科學》，4:1（臺北市：1978），頁 25-39。另先生回憶說此計畫書係由蘇精先生規劃草擬，詳見王振鵠，《書緣：圖書館生涯五十年》，頁 101。

第三節　建築經費

　　最初，教育部並不同意將遷建中央圖書館列入文化建設內，恐怕日後若達不到預期目標，會影響績效，但是先生考量到遷建新館勢必需要龐大的經費，絕非中央圖書館或教育部所能負擔，所以極力主張將遷建列入，以爭取中央的支持。遷建經費共計 10 億 2,500 萬元，其中十分之七是工程款，十分之三是土地補償費，編在行政院文化建設項下，自民 68 年至 72 年，分五年撥用。

　　在行政院經建會審查經費時，先生強調國家圖書館的重要性及遷建的必要性，各委員意見不一，有的委員認為政府不會久留臺灣，反正將來要遷回大陸，不必為遷建花這麼多錢，略加修繕補葺就可，其中李國鼎先生則大力支持，消除反對聲音，通過預算。[4]

第四節　工程招標

　　新館工程包括「建築、空調、給水及電氣」四大項，

---

[4] 據先生稱「李國鼎先生聽了我的報告之後，特別說：『政府花十億元來遷建一所國家圖書館，實在是有其必要，臺北市一條建國南北路花了多少錢，難道國家圖書館還不如一條馬路？』他又說，政府提倡文化建設，不但要給它建築經費，將來還要給它購置資料、擴充電腦、增加設備的經費，使它真正發揮國家圖書館的功能。」見王振鵠，《書緣：圖書館生涯五十年》，頁 106。李國鼎先生時任行政院政務委員。

分別涉及不同的專業。圖書館以臨深履薄的態度來辦理各項招標作業。為了確保工程品質，並杜絕不肖廠商，採取兩階段作業，先由建築師公會所推薦的建築師，會同建築顧問，組成審查小組，進行投標廠商資格審查；再由通過審查的廠商競標，這個審核制度招致許多反彈，若干沒有通過審查的廠商，不但向圖書館抗議，甚至請民意代表向教育部施壓。圖書館面對鉅大的壓力和各方人情請託，始終堅持公平、公正、公開的原則。[5]

在招標過程中，先生曾幾度向部長請辭，以避免給教育部帶來麻煩，當時的朱滙森部長支持並慰留先生勉力以赴。[6]

第五節 工程進行

在工程進行期間，圖書館採取多項措施，以確保施工品質，包括甄用工程專業人員負責工程技術管理，並駐守工地；延聘建築顧問與工程顧問，提供專業諮詢；配合監造工程，定期舉行會議。

5　王振鵠，《書緣：圖書館生涯五十年》，頁113。
6　王振鵠，《書緣：圖書館生涯五十年》，頁113。

工程會議依性質分為以下三種：[7]

1. 工地周間會議：每周由建築師召開，對施工計畫、進度及品質，反覆檢討管制並改進。
2. 施工檢討會議：視需要由建築師召開，隨時糾正工程品管及進度。
3. 工程檢驗會報：每月初舉行，由館長召集遷建工作小組，就上月工程實施，由各承包商作施工報告，建築師作監造報告，本館工地人員作督察報告。

此外，圖書館派駐人員配合建築師監工人員在現場，督促廠商依據合約圖說嚴格施工，除予紀錄外，並就物體建材及施工過程拍照查考。[8]

遷建過程艱辛而漫長，民國 67 年 1 月中央圖書館遷建委員會成立；68 年 8 月經行政院核准、確定建地；70 年 7 月經公開評審，決定建築師；70 年 11 月完成建地地上物拆除工作，進行整地圍籬；71 年 10 月至次年 1 月陸續完成建築、給水、電氣及空調等工程招標；71 年 11 月正式動土；（圖 6）75 年各項工程陸續驗收，進行搬遷；75 年 9 月新館正式啟用。

---

[7] 摘自中央圖書館遷建工作小組，〈遷建新館籌劃作業紀要〉，頁 32-33。
[8] 中央圖書館遷建工作小組，〈遷建新館籌劃作業紀要〉，頁 33。

第三章 遷建國立中央圖書館

圖 6　民國 71 年 10 月 12 日新館動工典禮
先生向朱滙森部長介紹建築模型

在超過八年的遷建過程中,先生殫精竭慮,也歷經艱難,他所面對的不僅是遷建及工程本身的各項嚴峻考驗,還包括來自外界諸般的壓力,多年後先生在回憶錄中舉出若干事例,略擇一二摘述如下,藉知其情。[9]

> 一位很有權勢的大員,打電話給我,說是一位朋友要跟我談談。……來了一位女士,她說:「……我是代表某某保險公司來承保,希望你把這四項工程所有的保險都交給我承辦。」……

9　王振鵠,《書緣:圖書館生涯五十年》,頁 110-113。

我當時就把合約給她看，我說：「很抱歉，恐怕我沒有權做這種決定，因為所有合約都經過有關單位核備，從公家承保改成私人承保有違約定，我們不能這樣做。」這位女士非常不滿，她走了以後，我打電話給這位先生，說明這件事超出合約規定，歉難應命。館裡同仁對這件事也有些瞭解，都擔心會有什麼後續的反應。

又有位社會人士，推銷一種防火偵測設備，經過中央標準局的鑑定，在防火的效能上有些缺失。中央圖書館對防火的要求非常高，怎麼可能隨便同意使用這樣不合標準的產品？諸如此類都是動用關係來關說，希望獲得私人的利益。我一度向部長辭職，我說：「我絕不畏懼任何壓力，但是我很擔心這樣下去，會給部長帶來麻煩。」這些例子都是在招標前後所發生的一些問題。

第四章 推動文化中心圖書館建設

第四章 推動文化中心圖書館建設

民國 66 年,政府推動十二項建設,第十二項即「文化建設」,中央圖書館的遷建以及縣市文化中心圖書館的興建都被列為建設要項,兩者同為臺灣圖書館事業振興的重要基礎工作,而且彼此之間息息相關,它們既是全國圖書館網絡的重要骨幹,同時也是圖書館發揮「統御國家文化資源,推展社會教育」[1]的有力媒介。

文化建設的目標在建立生活品質,提昇文化素養,邁向現代社會,這與圖書館的功能不謀而合,所以政府在設置推動各縣市文化中心時,以「圖書館」為主,甚具遠見。[2]

縣市文化中心的設置是由中央及地方共同推動,行政院、教育部、臺灣省政府教育廳、北高兩院轄市、縣市地方政府以及後來於民國 70 年成立的文化建設委員會(以下簡稱文建會)都參與其中,陸續訂頒若干法規。[3]

自民國 66 年政府推行文化建設,到 72 年臺灣省各縣市文化中心陸續興建完成,開始營運,之後再到 78 年進行訪視評鑑,前後共計 12 年,此其間正是先生擔任中央

---

1 王振鵠,〈前言〉,《圖書館學》(臺北市:臺灣學生書局,1974),頁 1。
2 十二項建設的第十二項是:「建立每一縣市文化中心,包括圖書館、博物館及音樂廳。」
3 包括:「加強文化及育樂活動方案」(68 年)、「教育部建立縣市文化中心計劃大綱」(68 年)、「縣市文化中心工作要領」(72 年)、「加強文化建設方案」(76 年)、「臺灣省縣市文化中心組織要點」(71 年)、「臺灣省加強文化建設重要措施」(74 年)……等。

圖書館館長之時，儘管身負中央圖書館遷建的要務，但是對於這個攸關全國圖書館發展的建設，先生仍然責無旁貸始終廁身其中，在每一個階段都發揮了重要的影響力。

在這 12 年期間縣市文化中心圖書館的建設可以分為規劃、推動與評鑑三個階段，先生與此三個階段的關係分述如下：

第一節 規劃與設置階段

自民國 66 年至 72 年，前兩年重在規劃，後五年進行興建。建設伊始，先生即應邀擔任縣市文化中心規劃委員，又參與擬訂「教育部建立縣市文化中心計劃大綱」（68年）[4] 以及「教育部建立縣市文化中心各館廳設計注意事項」（68 年）；民國 70 年文建會成立後，先生又擔任文建會委員兼語文圖書委員會的召集人，以上諸角色都與文化中心的規劃有密切的關係。

針對文化中心圖書館的規劃，先生首重其功能使命，並且提出若干規劃原則以及基本措施。[5]

---

4 民國 68 年，先生於文化中心推動開始，即建議教育部訂定「教育部建立縣市文化中心計劃大綱」，該大綱由先生研擬初稿，作為整體實施的綱要。

5 王振鵠，〈文化中心圖書館之規劃〉，《中國圖書館學會會報》，30（臺北市：1978），頁 1-3。

第四章 推動文化中心圖書館建設

在《當前文化建設中圖書館的規劃與設置之研究》一書中，先生強調文化中心圖書館即相當於地區性的公共圖書館，公共圖書館本即負有保存地方文獻資料、推動社區文化以及民眾自我教育的責任，並且透過館內的分科服務和推廣工作，以及館際間的合作經營來扮演社區的資料中心、交換中心與服務中心。文化中心圖書館除了應具備公共圖書館的功能以外，更需肩負著「宏揚民族文化，教育社會民眾，傳佈知識消息，倡導休閒活動」等四項使命。[6]

在規劃原則上，先生也提出「整體規劃，全面發展，重點建設及全民參與」四項看法，[7] 其中在「整體規劃」方面，應考慮以下幾點，包括：[8]

1. 在全國圖書館組織體系中，中央、省市與地方圖書館之地位與職掌；
2. 在國家文化資源的整體發展上，地方圖書館所承擔之責任；
3. 在推展文化方面，地方圖書館對於當地文化資源及社教機構所具有之協調與輔導功能。

在「全面發展」方面，先生認為文化建設是一個長期

---

6 王振鵠，《當前文化建設中圖書館的規劃與設置之研究》（臺北市：國家建設研究委員會，1981），頁 51-55。
7 王振鵠，《當前文化建設中圖書館的規劃與設置之研究》，頁 55-59。
8 王振鵠，《當前文化建設中圖書館的規劃與設置之研究》，頁 55。

性工作,要由點至面,由都市到鄉鎮全面拓展,具體目標則包括「一鄉鎮一圖書館,一(國民)學校一圖書館以及鼓勵圖書出版」。在「重點建設」方面,先生認為應集中人、物力作重點建設,並推動示範圖書館,既可作為各縣市鄉鎮圖書館的模式,也可承擔該地區中心圖書館的角色;此外,在館藏也應考慮地域性做重點發展。在「全民參與」方面,先生提及可仿行國外成規,設置圖書館委員會,從旁協助圖書館的發展。

在基本措施上,先生特別強調必需注意到人員經費、館藏、服務以及評鑑制度這四個要項。[9]

先生除了提供各項規劃,以利實施外,中央圖書館也連繫各界,廣徵意見,並陸續召開「出版界與文化建設座談會」(68年)及「文化中心興建座談會」(69年),並舉辦「圖書館事業合作發展研討會」(69年),以配合文化建設政策。

第二節　推動與強化階段

自民國72年至78年,時值中央圖書館新館遷建的關鍵時間,也正是文化中心圖書館次第建成,陸續營運的重要時刻。

9　王振鵠,《當前文化建設中圖書館的規劃與設置之研究》,頁59-69。

第四章 推動文化中心圖書館建設

　　民國 72 年，先生以文建會委員兼語文圖書委員會召集人的身分，參與該會「縣市文化中心工作要領」的訂定，此要領是文化中心各項業務的實施準則，要領中訂出圖書館的任務、基本藏書量、書刊年增長量、服務時間及服務內容……等項，相當於圖書館的服務標準。[10] 此要領不但是文化中心圖書館工作推動的準則，也是日後評鑑的依據。民國 73 年，文建會組成「文化中心輔導小組」，定期訪視各文化中心並指導推展各項活動，以確實瞭解其營運概況，自 73 年至 77 年止，先生參與多次訪視，並曾擔任過訪視輔導小組的召集人，與圖書館先進沈寶環、胡述兆……諸先生，以及文化、藝術界學者專家，共同到各地訪視。

　　此期間，先生持續提供中央圖書館的相關資源，協助文化中心圖書館邁向坦途，推動內容包括：代辦縣市文化中心圖書館採購（73 年），召集組成「文化中心圖書館技術輔導小組」（73 年），[11] 並持續多年輔導業務、定期舉行檢討會議，出版「文化中心圖書館工作手冊」（計分相關法規彙編、選擇與採訪、分類與編目、典藏與閱覽、參

---

10 王振鵠，《文化中心十年》（臺北市：文化建設委員會，1991），頁 27-29。

11 教育部委請中央圖書館統籌辦理此項業務，自民國 73 年至 76 年，邀請國內五所圖書館系、科教師帶領學生，利用暑假，協助各文化中心圖書館進行分類編目工作。

考服務，76年。圖7），陳報「建立縣市文化中心計畫執行成效估報告」（76年）……等。

圖7 國立中央圖書館《文化中心圖書館工作手冊》（來源：國立中央圖書館）

第三節 評鑑與檢討階段

民國78年，文建會首次進行文化中心的訪視評鑑，先生參與其中。[12] 評鑑的目的包括檢討營運現況，協助解

---

12 文建會為加強文化中心的輔導，早於民國75年即進行調查研究，並完成「如何運用科學管理方法以經營文化中心之研究」、「文化中心評鑑工作之研究」及「成立文化中心諮詢服務中心可行性之調查研究」等三項報告。

第四章 推動文化中心圖書館建設

決問題以及評估活動水準。

綜合而言,先生認為文化建設是政府在社會教育的重大發展,縣市鄉鎮圖書館大幅增長,有助於文化環境的創造;但是人力與經費仍嫌不足,而且在營運上各自為政,在行政隸屬上,各行其是,應建立專責單位,長期輔導,以求改善。[13]

民國61年,先生在〈論全面發展圖書館事業之途徑〉一文即提出擘畫臺灣圖書館的藍圖。文化建設的推動,為公共圖書館的普及提供契機。先生在縣市文化中心圖書館的規劃、經營以及輔導等多方面,既運籌於前期,又在實際進行的過程中不時奔勞,這一切作為不僅有助於圖書館的全面發展,並且為國民文化品質的提昇奠定了穩固的基礎。[14]

---

13 王振鵠,〈文化中心之設置與檢討〉,收入《沈寶環教授七秩榮慶祝賀論文集》(臺北市:臺灣學生書局,1989a),頁58-65、62-64。
14 詳見王振鵠,《文化中心十年》。介紹民國70至80年間,各縣市文化中心的發展,內容包括創設緣起、規劃、興建、文化活動、營運輔導、現況檢討及未來發展。

第五章 發展自動化與書目網路

第五章 發展自動化與書目網路

第一節 緣起

　　民國69年,中央圖書館與中國圖書館學會攜手合作,啟動臺灣「圖書館自動化作業計畫」,並分三個階段陸續實施,至民國78年先生離任中央圖書館時,計畫所訂目標全部達成,這段接近十年的歲月可稱之為臺灣圖書館自動化的「奠基時期」。撫今追昔,不免令人慨嘆「假如沒有中央圖書館會同圖書館學會……推動自動化計畫,沒有訂出新的編目規則、機讀編目格式、標題目錄等規範標準,臺灣圖書館自動化作業的發展,不知將以什麼作為基礎?」[1]

　　由於先生深刻認識圖書館的本質,也不斷體察外在環境對圖書館的影響,以致於將自動化列為館務推動的三大要項之一。[2]

　　「自動化」固然是圖書館處理業務的方式,實際上,「標準化」和「書目控制」才是它的基本理念;此外,自動化是手段而不是目的,透過「自動化」,圖書資料將轉化為有意義的「資訊」,從而促進館際之間的合作與交流,既為讀者提供更好的服務,也增強了社會與國家的競爭力,這才是自動化所蘊含的深意,也是先生心目中圖書館

1　王振鵠,《書緣:圖書館生涯五十年》,頁153。
2　其他兩項分別為館舍遷建以及推動漢學研究。

的建立方略。³

「自動化」接近「資訊處理」,「資訊（Information）」早年有種種不同的譯法,稱「情報」、「消息」、「信息」……等都有,譯作「資訊」二字,首見於先生。民國61年,先生擔任師範大學社教系教授兼系主任及圖書館館長時,創編「圖書館學與資訊科學」（Journal of Library and Information Science）,自此,眾人皆習稱「資訊」及「資訊科學」。民國65年,先生發表〈三十年後的圖書館〉一文,預測圖書館在資訊處理方面的趨勢,「圖書館業務的自動化（Automation）」以及「圖書館網狀組織（Library network）的普遍化」是其中兩項重大的改變與發展。⁴

第二節　實施過程

圖書館自動化作業計畫,有四個目標,分別是:⁵
(一) 研訂中文機讀編目格式,
(二) 規劃圖書資料自動化作業系統,

3　參閱先生所撰以下論著,包括:1.〈文獻處理標準化問題〉,2.〈美國書目管制工作〉,3.〈我國資訊服務政策初探〉。
4　王振鵠,《圖書館學論叢》（臺北市:臺灣學生書局,1984）,頁58-59。
5　摘錄計劃目標,詳見〈國立中央圖書館自動化作業現況〉,頁339。王振鵠,〈國立中央圖書館自動化作業現況〉,《圖書館自動化專題研習會綱要》（臺北市:國立臺灣大學,1989b）,頁338-349。

第五章 發展自動化與書目網路

(三) 建立中文資料庫,並引進國外資料庫,
(四) 成立全國資訊服務中心,建立全國資訊網。

　　為推動上述目標,中央圖書館與圖書館學會籌組「圖書館自動化作業規劃委員會」,下分三個工作小組:
(一) 中文機讀編目格式工作小組,
(二) 中國編目規則工作小組,
(三) 中文標題總目工作小組。

　　「圖書館自動化作業計畫」分成三個階段進行,第一個階段先成立以上三個小組,以訂定標準和規範;第二個階段則在標準的基礎上建立中文圖書資料庫;第三個階段是建立圖書館管理系統,包括採訪、編目、出納、行政等,最後完成全國圖書館資訊網的建立。

　　從民國69年到78年,「圖書館自動化作業計畫」完成一系列成果與推廣服務,既充實了中央圖書館的資訊服務,也開展了臺灣的書目網路系統,分述如下:[6]

(一) **自動化成果與推廣服務,包括:**

　　1. 系列出版品:中國機讀編目格式、國立中央圖書館文獻分析機讀編目格式、中國機讀編目權威紀錄格式初稿(以上是標準及規範)、中華民國出版圖書目錄、中華民國期刊論文索引、中華民國中文期刊

6　王振鵠,〈國立中央圖書館自動化作業現況〉,頁339-347。

聯合目錄、臺灣公藏人文及社會科學西文期刊聯合目錄（以上是自動化成品）。（圖8）

圖8　圖書館自動化出版品（來源：國立中央圖書館）

2. 線上查詢服務：除了建立中央圖書館館藏書刊及文獻索引，並且引進國外資料庫。
3. 開發光碟媒體：中文書目光碟及期刊索引光碟。
4. 建立整體作業系統：由採訪作業、編目作業、期刊控制到書目查詢。
5. 其他建檔工作：包括全國圖書館統計檔、漢學人才檔、行政業務自動化管理系統。

(二) 國立中央圖書館資訊服務系統之規劃與發展，包括：
    1. 成立自動化作業小組，
    2. 建立國家書目資料庫，
    3. 引進西文書目資料庫，
    4. 回溯書目建檔，
    5. 轉換新作業系統，由 2 位元轉成 3 位元。
    6. 建立日、韓文編目系統，
    7. 使用閱覽管制自動化系統。

(三) 全國書目網之規劃與發展：
    1. 建立書目資訊中心，
    2. 發展書目資訊網，
    3. 發展公共圖書館資訊網，
    4. 銜接科技及專門圖書館資訊網。

第三節 效益及影響

圖書館自動化是一項漫長而艱困的工作，標準與規範的訂立、資料庫的建立及引進、硬體設置的購置……等皆其要務，但是最重要的還是計畫的規撫，以奠定永續發展的基礎並發揮多方面的影響。在先生縝密的規畫及策導之下，「圖書館自動化作業計畫」產生了多方面的效益，影響延續至今，分述如下：

(一) 改變觀念，啟動合作

曾經有人問到推動自動化作業最大的困難是什麼？先生認為「最大難題在改變觀念」，他說：[7]

> 民國六十八、九年的時候，大家並不深切瞭解自動化的作用，有人認為這只是趕時髦，有些同仁就不止一次的建議，最好維持過去傳統的作業方式，不要擅自更改。甚至我們積極推動自動化的研究工作，曾遇到一些同仁的批評，影響到參與工作同仁的工作情緒，……中央圖書館的上級機關，以及主管圖書館業務的單位，當時並沒有圖書館自動化的概念，也沒有積極推動或經費上的支持。可以說，圖書館自動化是圖書館界基於使命感，基於我們對發展圖書館事業的認知，加上爭取到外界的參與和合作，才逐步開展出來的。

上述觀念的改變不僅有助於自動化作業的推動，也對陳舊的制度注入一股清流，而此一計畫是由中央圖書館與中國圖書館學會共同擬訂並協同推動，更開啟了國內圖書館界合作的契機，不僅是若干工作小組由圖書館界先進領導，而各階段所推動的各項作業也都延請專業學者及專家

7　王振鵠，《書緣：圖書館生涯五十年》，頁 149-150。

第五章 發展自動化與書目網路

參與其中，所以日後先生念茲在茲的是在於自動化作業所帶來圖書館的合作效益，他說：[8]

> 我們不能不感謝當初對這些計畫付出心力的同道，像藍乾章、張鼎鍾、胡歐蘭、李德竹、吳明德、盧荷生、劉崇仁、林愛芳、黃鴻珠、吳琉璃諸位先生女士，都是我非常感念的。

(二) 建立國家書目

儘管各國國家圖書館的功能不一，但是仍有相同的一項作法，就是徵集本國出版品，並編製國家書目。

國家書目不僅包括該國現行各樣出版品，也溯及過去歷代的所有出版品在內，所以它既作為一個國家出版的紀錄，也反映了民族文化的內涵；此外，檢視該國的國家書目，還可作為評量該國國家圖書館良窳的標準。

鄭恆雄先生所撰〈我國國家書目資料庫之建立與發展〉，包括以下三個步驟，分別是：[9]

1. 研訂書目資訊自動化作業規範與標準，

8　王振鵠，《書緣：圖書館生涯五十年》，頁153。
9　鄭恆雄，〈我國國家書目資料庫之建立與發展〉，收入《當代圖書館事業論集：慶祝王振鵠教授七秩榮慶論文集》（臺北市：正中書局，1994），頁494-504。

2. 國家書目之建檔與發展，

3. 書目網路的建立與開展。

以上國家書目之建檔則包括：中華民國出版圖書目錄、期刊論文索引、期刊聯合目錄、政府公報索引、政府出版品目錄、善本古籍目錄……等。截至民國 78 年，先生卸離中央圖書館時，臺灣的國家書目已有歷來圖書超過 50 萬筆以上，不但一個具體而微的國家書目已經隱然成形，並且還在持續加速擴增中。

民國 75 年中央圖書館新館遷建完成，且自動化基礎具備，即針對國際標準書號的實施、預行編目制度的推行乃至於合作編目的建立等重要館務進行具體的規畫和評估。若由「書目控制」要達到「資源共享」之境地，必須透過「國家書目控制」；所以 IFLA 力倡各國分別成立「國家書目中心」，並建立「國家書目資訊體系」。編製國家書目當為國家圖書館的基本要務，國家書目的完整端賴書刊呈繳工作的良窳，此與國際標準書號和預行編目的實施彼此間環環相扣。

先生早於民國 63 年撰寫〈美國書目管制工作〉一文，[10] 又於民國 67 年撰寫〈「出版品編目」計畫及「國際標準書號制度」〉，將其視為「圖書館界與出版界合作進行的

---

10 王振鵠，〈美國書目管制工作之研究〉，國科會研究論文，1974。

第五章　發展自動化與書目網路

兩件事」，並且萌生將兩者結合為一，以利圖書館的「書目控制」。[11] 凡此，可知先生早將合作編目、預行編目及標準書號三者融為一體，作為拓展國家書目的利器。

中央圖書館早於民國 70 年即向國際標準書號總部申請到臺灣的出版地區代碼；兩年後，大陸也取得地區代碼，民國 77 年，行政院正式核備中央圖書館擔任國際標準書號的執行機構，77 年 9 月先生擔任召集人，次年完成《國際標準書號實施及推廣工作研究報告》。[12]

民國 76 年，中央圖書館奉行政院核定發展「全國圖書資訊網路」計劃，啟動我國全國性圖書資訊網路的起動。民國 77 年，中央圖書館提出〈向成立國家資源書目中心邁進〉報告，配合網路體系書目建檔所確定的發展目標，而此一書目中心即專責推動全國圖書館書目資訊網路的工作。

民國 78 年 7 月，先生離卸中央圖書館之後，有關書目網路的建立以及相輔相成的標準書號、預行編目既已籌備有年，各項業務於是次第開展，先生前此所為，貢獻至深，功不唐捐。

---

11 王振鵠，〈「出版品編目」計畫及「國際標準書號」制度——圖書館界與出版界合作進行的兩件事〉，《出版之友》，6（臺北市：1978），頁 16-17。

12 王振鵠主持研究，中華民國國際標準書號研究小組編撰，《國際標準書號實施及推廣工作研究報告》，臺北市：中央圖書館，1989。

(三) 推廣國際使用

當時所擬定的各項規範與標準，以及資訊界所推動的中文資訊交換碼，對於中文處理與書目自動化都有重要的影響，也深受國外，特別是北美東亞圖書館的重視，所以當以上機讀編目格式、編目著錄規則、中文資訊交換碼陸續完成後，就積極向外推廣，並先後於民國 70 年在臺灣舉行的「中文圖書資料自動化會議」、71 年在澳洲的「中文書目自動化國際研討會」、71 年美國資訊學會（ASIS）年會，以至於之後若干年國內外圖書館會議中，都提出相關的論文以及展示，介紹國內圖書館自動化的成果，在國際上發揮相當大的影響。

當臺灣在研訂圖書機讀編目格式的同時，大陸也在發展圖書館自動化，實際上他們所擬訂定的 CNMARC 也參考了臺灣的中文圖書機讀編目格式（CMARC）在內的各地區機讀格式。

民國 69 年臺灣在推動圖書館自動化作業時，當時國家正處於中美斷交的風暴之中，我國各界對外關係都受到政治的干預，然而因著圖書館自動化作業的各項成果，使得國內外圖書館的交流不僅得以持續，並且受到國外的肯定與重視，這誠然是圖書館自動化所產生的效益。

(四) 強化資訊服務政策

資訊服務政策是規劃與發展全國資訊服務的重要方

針，政府早於民國 71 年即成立「資訊發展推動小組」，並進行「全國資訊體系」的規劃，與全國資訊服務密切關連的有三個資訊網路，其中之一即為中央圖書館所負責推動的「全國圖書資訊網路系統計劃」，其餘兩個分別為「科技性全國資訊網路系統計劃」（國科會）和「全國學術電腦資訊服務及大學網路計劃」（教育部）。[13]

中央圖書館於民國 73 年規劃擬訂「全國圖書資訊網路計劃」，並於 76 年奉行政院核定辦理。該計畫之目標包括：[14]

1. 建立全國書目中心，推行合作編目、合作採訪、合作流通，以達館際互借，資訊服務。
2. 推行中文圖書資訊系統與國外資訊網連線作業，以便使資訊交流，開創中文資訊國際性服務之先機。

此一全國圖書資訊網路之目標完全符合中央圖書館本身在資訊發展中所承擔的任務，也與先生在中央圖書館所推動的圖書館自動化作業計畫互相呼應，而中央圖書館所推動成立的全國書目資訊中心也肩負起統合全國圖書資訊的重責。

---

13 王振鵠，〈我國資訊服務政策初探〉，《國立中央圖書館館刊》，21：2（臺北市：1989），頁 105。
14 王振鵠，〈我國資訊服務政策初探〉，頁 105-106。

第四節 結　論

　　先生推動「圖書館自動化作業計畫」，歷經艱困，終能逐一克服，其貢獻包括以下兩方面：

(一) 對臺灣圖書館方面

　　促使臺灣圖書館從傳統式的服務走向自動化、網路化，也提供了觀念的丕變與作業的提昇，更為日後的數位化奠定了堅實的基礎。

(二) 對國家資訊服務及文化交流方面

　　「圖書館自動化作業計畫」的其影響尚不僅於圖書館界本身，也對國家資訊服務的強化與文化外交的交流提供了莫大的貢獻。

第六章 推動漢學研究及古籍整理

第六章 推動漢學研究及古籍整理

第一節 緣 起

國家圖書館的功能每因該國的政治制度與社會情況之不同而互有差別，但是國家圖書館有其促進文化發展的功能則舉世皆同，協助「學術研究」及「發揚國學」是其履行文化使命的主要任務，而具體的實踐就在於推動有關「本國文化的研究」以及「本國舊籍的整理」，這也是中央圖書館推動漢學研究以及進行古籍整理的重要因素。

中央圖書館首任館長蔣復璁先生於任內致力古籍蒐藏與整理，曾經選印四庫全書、於抗戰時期蒐購淪陷區流散古籍、撤運善本古籍來臺、洽運前北平圖書館託存善本古籍自美至臺。先生到任後，在以上基礎上繼續推動相關工作，包括進行館藏善本古籍的編目建檔、開展古籍整編作業……等。

民國38年，國家大批重要文物圖籍移貯來臺，政府也多方安排學者專家避居臺灣。一時間，文物薈萃、人才鼎盛，當時即有建設臺灣成為漢學研究基地的呼聲，之後數十年間，此議不絕如縷。民國69年，先生於擔任館長時，中央圖書館層奉行政院指示研議成立「漢學研究資料暨服務中心」，當時中央圖書館新館遷建雖已核定建築用地，然而正在多方設法解決地上物的拆遷與補償，而圖書館自動化作業也在如火如荼地進行規劃並開展之中，突然間要承擔推動漢學研究這個重擔，責任倍感艱鉅。先生後

來回憶這段不容易的過程時,他說明了為什麼要推動這個工作:[1]

> ……漢學中心的設置,對於中央圖書館和學術界的關係、中央圖書館在館藏資源的發展和利用,都有很大的促進作用。這項工作當初我們可以拒絕承擔,但是我覺得這對於中央圖書館學術研究功能的展現有很大幫助。它不僅增加了漢學研究資源,同時也提昇了中央圖書館的服務品質,因而同意兼辦漢學中心工作。

由此可以瞭解先生是著眼於國家圖書館所肩負的文化使命,也就是協助學術研究以及發揚國學,才會在極其有限的人、物力下毅然承接推動漢學研究的重任。

第二節　推動過程

設置單位、推動漢學研究由無到有,事屬開創;而古籍整理也必需掌握趨勢,不能抱殘守闕,再加上人、物力的困窘,兩者的推動都很不容易,分述如下。

---

[1] 王振鵠,《書緣:圖書館生涯五十年》,頁 135。

第六章 推動漢學研究及古籍整理

(一)成立漢學研究資料暨服務中心

1.籌備成立

中央圖書館對於這個新設置的單位要如何定位？先生先將前此各方對於臺灣成為漢學研究中心的意見加以歸納，並兼顧到這個單位和中央圖書館彼此之間的關係，在中心籌設計畫的緣起中，明確地說明了成立的宗旨，摘錄如下：[2]

> 目前世界各國對於漢學研究蔚成風氣，對於漢學資料之搜集更不遺餘力，我國各文教研究機構及圖書館所藏之圖書文物為數雖豐，惟既缺乏長遠整體之合作蒐集計劃，亦無迅速有效之書目控制制度，以致其他國家逐年增益所藏，我國則未能積極增廣及徵求。長此以往不僅世界漢學界將捨我而求諸他國，甚至國內學人亦將仰賴外國資料。因此，使臺灣成為世界漢學研究中心之呼籲，近年來時有所聞，而資料及服務中心之籌設厥為漢學研究之奠基工作。

由此可知中心的成立包括了以下三個旨趣，分別是：

---

2 國家圖書館，《國家圖書館七十年記事》（臺北市：國家圖書館，2003），頁308。

一、努力將國際漢學研究的角色和地位重新搬回來。
二、整合臺灣在漢學研究上的各種資源,協助學術研究。
三、提供國際間漢學研究在資料和訊息上的服務,促進研究便利。

從以上說明中,可知當時中央圖書館所設立的是一個與「漢學研究」有關的「資料及服務」中心,這樣的定位與中央圖書館的角色互相吻合。[3]

中心根據成立宗旨,訂出業務規劃的方向,先生說:[4]

> 當時學術界積極要求成立漢學研究中心,其重要的動機是希望充實漢學研究資源,促進漢學的研究,同時獲得人力上、物力上的協助。……
>
> ……中心設置的目的,第一是蒐集漢學資料,第二提供漢學研究學者多方面的服務,包括資料服務、研究資訊報導服務,對來華研究的漢學人士的協助,第三提供給研究人士適當的研究環境,同時利用書刊出版、學術討論,謀學術的合作交流。……中心的業務根據設置目的

---

[3] 中心於民國76年奉教育部指示改稱「漢學研究中心」,先生曾說明當時為什麼定名為「漢學研究資料暨服務中心」,而不稱「漢學中心」或「漢學研究中心」,是因為考慮到圖書館本身的職掌和能力,並且在研究人力和資源上都不足,說見王振鵠,《書緣:圖書館生涯五十年》,頁128。

[4] 王振鵠,《書緣:圖書館生涯五十年》,頁128-131。

來規劃，基本上是基於兩項考慮：第一是以蒐藏漢學研究資料為重點，……可以補益中央圖書館對於漢學資料的蒐集。……第二是中央圖書館新館當時正在建築中，……假如中央圖書館自居為國家圖書館或學術圖書館，那麼我們必須跟學術界有密切的聯繫，也希望學術界盡量利用我們的資源，使資源和研究相互配合，這樣中央圖書館的學術服務功能才能夠展現。

這裡除了說明中心的業務方向以外，也可以看出中心與中央圖書館關係密切，一方面中心以中央圖書館的學術資源當作資料服務的基礎，另一方面中央圖書館的館藏以及功能也藉著中心的服務而得以拓展。

民國 70 年漢學研究資料暨服務中心設立，中心設有指導委員會，由教育部長延聘知名學者專家擔任；此外，中心設主任、副主任，下分資料組及聯絡組。由於中心實際上是中央圖書館兼辦，所以中心主任由中央圖書館館長兼任，而中心內工作人員也多該館派員充任。

2. 工作要項

漢學研究資料暨服務中心在成立之初，明訂五點工作要項，包括：[5]

5　國家圖書館，《國家圖書館七十年記事》，頁 308。

1. 研訂國內外合作蒐集漢學資料之計畫,
2. 調查各國漢學資料館藏與報導世界漢學研究之消息,
3. 建立國內學人專長檔及編製漢學目錄及索引,
4. 提供漢學資料之複印、代購及交換服務,
5. 協助國外來華研究漢學人士之研究工作。

嗣後工作項目迭有增刪,目前中心有七項工作任務,分別是:[6]

1. 調查蒐集漢學資料,
2. 提供參考研究服務,
3. 報導漢學研究動態,
4. 編印各種書目索引,
5. 推動專題研究計畫,
6. 出版漢學研究論著,
7. 舉辦各項學術活動。

以上任務又可整併為四個服務項目,分別是:[7]

1. 提供漢學研究資源服務,
2. 出版漢學論著及工具書,
3. 召開國際學術研討會,

---

6 漢學研究中心編,〈簡介摺頁〉,臺北市,漢學研究中心。
7 漢學研究中心編,〈簡介摺頁〉。

第六章 推動漢學研究及古籍整理

4. 外籍學人來臺研究漢學獎助。

中心成立後蒐集的藏品包括以下六類,分別是:[8]

1. 海外佚籍:以明代史料書、明人文集、明清地方志最為豐富,歷年來蒐藏情形見《漢學研究中心景照海外佚存古籍書目初編》。
2. 敦煌遺書微捲:包括法國國家圖書館、英國大英圖書館、中國北京圖書館等機構所藏。
3. 海外中國研究博士論文:包括美國、加拿大、荷蘭、英國等國博士論文,並完成「國際漢學博士論文摘要資料庫」。
4. 早期期刊及期刊微捲:包括十九世紀以來有關中國研究的西文期刊、民國 38 年以前的大陸中文期刊等。
5. 大陸地區出版學術書刊:內容以史學、哲學、文學、社會科學、藝術、考古等學術論著為主。之後更加強蒐集各省市縣文史資料以及各省縣新編地方志、年鑑與統計資料。
6. 一般外文漢學資料:協助本館所藏世界各地以各種語文出版有關中國一般性及學術性書刊。

8　國家圖書館,《國家圖書館七十年記事》,頁 308-310。

中心提供多元化的服務,而以出版刊物、獎助研究計畫和舉辦研討會為主,說明如下:[9]

1. 消息報導與出版

中心出版品包括消息報導、學術論著及目錄索引及其他等四類,其中消息報導有《漢學研究通訊》,學術論著有《漢學研究》及漢學研究中心叢刊論著類(即中心所舉行學術研討會論文集,例如《中國人的價值觀國際研討會論文集》、《民間信仰與中國文化國際研討會論文集》等),目錄索引類最多,有《臺灣地區漢學論著選目》《Digest of Chinese Studies》、《光復以來臺灣地區出版人類學論著目錄》、《近代東北區域研究資料目錄》、《中華民國臺灣地區公藏方志目錄》等,其他類包括《海外漢學資源調查錄》、《臺灣地區漢學資源選介》。以上出版品以《漢學研究通訊》及《漢學研究》最具代表性,前者為季刊,以報導國內外漢學研究教學、活動及資料為主旨;後者為半年刊(民國 97 年改為季刊)收錄文史哲學術論文及書評,自民國 89 年起屢獲評選為優等期刊。

2. 獎助漢學研究

中心自民國 78 年開始實施「獎助海外學人來華研究漢學計畫」,歷年來獎助來臺各國漢學學者已逾 500 位,

---

9 國家圖書館,《國家圖書館七十年記事》,頁 312-331。引用數據都已更新。

第六章 推動漢學研究及古籍整理

增進世界各地漢學家對臺灣的瞭解。此外,中心並邀請來臺研究的訪問學人發表專題演講,歷年來已舉辦超過 300 場演講。

3. **舉行國際會議及辦理國際書展**

中心幾乎每年都舉辦大型國際研討會,歷年會議包括中國思想史國際研討會(民國 73 年)、方志學國際研討會(民國74年)、(圖9)敦煌學國際研討會(民國75年)、明代戲曲小說國際研討會(民國 76 年)、漢學研究資源國際研討會(民國 77 年)……等。中心自民國 74 年起持續參加「美國亞洲學會」年會例行國際書展。

圖 9　民國 74 年 4 月 1 日方志學研討會中致詞
(左嚴耕望院士,右教育部阮大年次長)

由以上所述中心資源及服務當可進一步瞭解中心與中央圖書館之間的關係，中心藉諸該館所藏的各項資源作為提供學術界進行漢學研究的張本，而該館也透過中心對學術界所提供的各項服務，延伸並拓展對社會大眾的服務。

(二) 進行館藏古籍整理

先生任內所推動的館藏古籍整理，除了一般性的蒐集、編藏與傳佈等外，而以下列各項尤具特色，包括：

1. 編印中國歷代藝文總志

藝文總志彙集中國歷代史志中各書，分別就其書名、著者、存佚加以考訂，此議初由嚴文郁先生於民國 62 年提出，其後先生於民國 66 年指定特藏組承編，陸續完成經、子、集各部，歷代藝文總志包含各書也是國家總書目的重要部分。

2. 推動善本古籍自動化

館藏善本古籍陸續以機讀格式建檔，並開發善本編目系統，可供多種組合檢索，對於查閱善本古籍中的特殊資料，包括版本、刻工、藏印、題跋，以及瞭解館藏善本古籍的遞藏和彼此間的學術關係……等甚有幫助。

3. 建立優質保存環境

中央圖書館遷建新館後，闢有專門儲放善本古籍的書

第六章 推動漢學研究及古籍整理

庫，裝置恆溫恆濕、防盜防火……等種種設備，書櫃採用檜木精製，另有薰蒸室，入庫古籍都需先行薰蒸殺蟲。

4. 索還代管北平善本圖籍

民國 54 年，中央圖書館自美洽運原北平圖書館寄存善本書，這批古籍併同若干地圖於民國 57 年移儲故宮博物院，惟中央圖書館仍擁有保管權。民國 73 年，中央圖書館專案函洽索還這批圖籍好存放新館，經故宮舉行管理委員會常務委員會，由嚴前總統主持，李煥先生代表教育部出席，會中李部長發言仍交故宮保管，會後又指示中央圖書館辦理移交。當時輿論多支持中央圖書館的作法，而對故宮爭這批善本圖籍的所有權頗有疵議。先生於議決前後曾多次向教育部反映，未被採納，為此一度頗有辭意，最後以顧全新館營運的大局而忍辱負重，當時先生為此備受來自教育部及故宮的多方壓力，此事雖未達到索還的目的，但先生為爭取存書回歸已盡了最大的努力。[10]

5. 推動古籍整編計畫

民國 69 年，蔣復璁先生擬提「復興中華文化出版計畫草案」，包括編撰續修四庫全書提要等計畫，教育部責成中央圖書館先予研究，經先生建議先進行相關調查工

---

10 詳見王振鵠，〈古籍蒐藏與整理〉，《國家圖書館館訊》，102:3（臺北市：2013b），頁 23-27。

作,而於民國 75 年由蔣復璁、喬衍館諸先生編成《四庫全書續修目錄初稿》,之後教育部李煥部長擬籌組委員會,推動「續修四庫全書計畫」,經行政院核定由中央圖書館列為經常業務辦理。先生建議改為「古籍整編計畫」,並擬訂計畫,於民國 78 年報部核定,這是先生在任內所完成的最後一個有關館藏古籍整理的工作。之後,中央圖書館分別於民國 78 至 83 年、83 年至 88 年,分為兩期執行此一「古籍整編計畫」,訓練出許多古籍整理工作人員。

第三節 效益及影響

(一) 提供國內外漢學術研究的服務

中心所扮演的是「研究資料暨服務」的角色,並以系列出版品提供服務,包括《漢學研究通訊》、《外文期刊漢學論評彙目》以及各種目錄類工具書。其中《漢學研究通訊》自民國 71 年創刊,以季刊報導學界的研究資訊和消息,最受各界重視,中央研究院院士兼副院長王汎森先生認為《漢學研究通訊》及後來的電子報,是全世界最成功的漢學連絡刊物,他覺得現今臺灣許多高水準的人文學報,在世界上的流通度及閱讀率都不及《漢學研究通訊》。[11]

---

11 王汎森,〈漢學研究中心的貢獻及面臨的危機〉,《國文天地》,26:5(臺北市:2010),頁 29。

第六章 推動漢學研究及古籍整理

　　中國文化大學中文系所教授兼主任、所長劉兆祐先生認為中心所出版的漢學工具書貢獻最著，不但方便檢索資料，也促進中外漢學學術交流。這些工具書結合學界編輯，已出版近 20 種，包括：《光復以來臺灣地區出版人類學論著索引》、《近代東北區域研究資料目錄》、《中華民國臺灣地區公藏方志目錄》、《敦煌學研究論著目錄》及續編、《中韓關係中文論著目錄》、《中國家庭之研究論著目錄》、《唐代文學西文論著選目》、《經學研究論著目錄》及續編、三編……等。劉兆祐先生提出三點特色，分別是：一、涵蓋領域廣、二、若干種持續收錄新文獻、三、輯錄外國學者著作。[12]

　　《臺灣地區漢學論著選目》也甚有價值，選目先刊於《漢學研究通訊》季刊，再彙編為年刊本，再累積出版五年彙刊本，這是國內少有的彙編式（Cumulative）工具書。

(二)提昇國內漢學研究並促進國際交流

　　中心蒐集海外所出漢學書刊，並出版《漢學研究》學報、舉辦國際研討會、獎助海外研究計畫，不但提昇國內漢學研究，並且有助於國內外學術交流。

　　《漢學研究》是一文史哲綜合性學報，半年刊，72 年

---

12 劉兆祐，〈漢學研究中心出版品之學術價值〉，《國文天地》，26:5（臺北市：2010），頁 16-18。

創刊，先生回憶《漢學研究》的創刊頗為艱辛，他說：[13]

> 我在指導委員會議中，提出出版《漢學研究》的計畫時，有的指導委員抱著懷疑的態度，認為漢學中心能夠編出一流的學術性刊物嗎？一份學術性刊物在徵稿、審稿和編印工作上，都不是很簡單的事情。但我們經過審慎的考慮和周詳的計畫，在學術界支持下順利出版。出版後一般評論，不論是內容、編印，可以說都達到了預期的要求。

《漢學研究》創刊主編是當時中心首任聯絡組長蘇精先生，現任主編耿立群女士回顧《漢學研究》多年來的發展，並分析《漢學研究》的特色，包括：[14]
一、質量俱佳，主題多元，
二、投稿踴躍，審查嚴謹客觀，
三、園地開放，廣納各國，
四、體例完備，方便檢索。

《漢學研究》在國際漢學界知名度高，根據行政院國科會自1997年的評比，《漢學研究》在文史哲各學門，

---

13 王振鵠，《書緣：圖書館生涯五十年》，頁132。
14 耿立群，〈《漢學研究》二十五年來的回顧與展望〉，《漢學研究通訊》，27:1（臺北市：2008），頁25-31。

幾乎都是前五名，在民國 86 年的「中國文學」學門，更排名第一。

中心自民國 73 年起幾乎每年舉辦一次國際學術研究會，包括「中國思想史國際研討會（民 73 年）」、「方志學國際研討會（民 74 年）」、「敦煌學研討會（民 75 年）」、「明代戲曲國際研討會（民 76 年）」……，不但加強國內外漢學研究的合作與聯繫，也增進了研究資料的利用。清華大學中文系教授陳珏先生說：[15]

> 就大型國際研討會而言，……或獨辦或與中央研究院等頂尖學術機構合辦，題材領域從明代戲曲小說到兩岸古籍整理，從金庸小說到臺灣語言學的創造力，從空間移動之文化詮釋到寺廟與民間文化，無所不包，而邀請之與會者均為國際漢學界與臺灣本地之相關專家，涵蓋面之廣，實在是超出了任何一所大學所能為。……

中心自民國 78 年提供獎助，協助外籍學人來臺研究漢學，這項獎助甚獲國際學界重視，陳珏先生認為。[16]

---

15 陳珏，〈臺灣和海外漢學發展的「競」與「合」：漢學研究中心與歐美、東亞其他漢學機構的比較〉，《國文天地》，26:5（臺北市：2010），頁 26-27。

16 陳珏，〈臺灣和海外漢學發展的「競」與「合」：漢學研究中心與歐美、東亞其他漢學機構的比較〉，頁 24。

> 這個訪問計畫，已經成為至少兩代漢學家心目中常常浮現的一個國際品牌。……漢學研究中心憑藉其訪問計畫所取得的特色性成就，足以與國際頂尖的同類訪問計畫平起平坐，分庭抗禮。

(三) 奠定古籍數位化及國際合作的基礎

先生任內所推動的善本古籍自動化，將館藏一萬餘部善本古籍的書目資料全數建檔，這些鍵入資料庫的古籍書目資料相當詳盡，除了基本的書名、卷數，著者以及版本之外，還包括刻工、藏印、題跋……等，款目多達20餘種。當時所建檔的善本古籍書目甚受海外重視。民國73至75年間，美國學術圖書館協會（Research Libraries Group, RLG）一度與中央圖書館連繫，希合作編製「中文善本圖書聯合目錄」，後來雖然因為經費以及其他技術問題而沒有付諸實現，但北美東亞圖書館對臺灣的古籍整理以及自動化技術留下深刻印象。

民國89年，行政院國科會推動「數位典藏計畫」，國家圖書館應邀參與，古籍數位典藏是其中一項，在數位化的過程中，除了精選善本古籍予以掃瞄，建立影像資料庫以外，最重要的就是建置善本古籍的詮釋資料（Metadata），而詮釋資料即以上述善本古籍的書目為基礎，再加轉換修改而成。

第六章 推動漢學研究及古籍整理

　　國家圖書館所建置的善本古籍數位典藏頗受海內外學界重視，民國 93 年，美國國會圖書館與國家圖書館合作推動美國國會圖書館所藏中文善本古籍數位典藏計畫，由該館提供所藏善本圖書，並由國家圖書館協助掃瞄，同時取得掃瞄後的古籍影像。之後美國加州大學柏克萊分校東亞圖書館以及美國華盛頓大學圖書館也相繼與國家圖書館合作。

第四節　結　論

　　漢學研究與古籍整理都是整理國故、發揚國學的重要工作，先生於中央圖書館任內，創設漢學研究資料暨服務中心，以「出版一流的刊物，舉辦研討會與獎助研究計畫」為目標，經過多年的耕耘，成功地為國內外的漢學研究提供有影響力的服務，並且整合了國內的研究資源，提供理想的研究環境，如今漢學研究中心可以與國際間其他漢學機構，諸如美國哈佛燕京學社、美國普林斯頓高等研究所、荷蘭的國際亞洲研究院、德國的華裔學志社相互切磋，乃至於競合，回顧過去，先生的規劃與領導同仁協力執行，貢獻至深。

　　中央圖書館擁有一萬餘冊善本古籍，偏及中國歷代，不但是瞭解中國古代的淵藪、也是臺灣地區重要的漢學研究資源之一，先生推動善本古籍自動化，編印《中國歷代藝文總志》、開啟館內古籍整編計畫，對於國故的整理以及文化的恢宏，俱有貢獻。

第七章 促進國內圖書館界合作與國際交流

第七章　促進國內圖書館界合作與國際交流

第一節　緣　起

對圖書館而言，合作是必然的產物。由於文明推進，知識累增、載體多元，所呈現出來的文獻遠遠超過駕馭的範圍，然而資源有限，圖書館乃轉而尋求彼此之間的互助互補，合作乃應運而生。有人曾說整部現代圖書館史就是圖書館界為達成合作目的的一部紀錄。[1] 非常貼近事實。

先生旅美研習圖書館學，而美國圖書館事業的特色之一即為合作制度的建立與推廣，先生深得其精髓，曾撰有〈美國圖書館合作制度之研究〉等文，[2] 並在所發表的論著中，多所闡明。先生提出若干合作的效益如下：[3]

> 合作制度……為集中人力財力，擴大蒐集資料，謀更有效的服務。就合作方式而言，有分工蒐集方案、目錄合作制度、共同儲存計劃，以及館際互借辦法，……此種措施之效果，自經濟觀點而言，節省人力物力，增加可用資源；自技術

---

1 沈寶環，〈「我們為什麼提倡館際合作？」〉，收入《圖書館學與圖書館事業》（臺北市：學生書局，1988），頁 102。

2 1.〈美國圖書館合作制度之研究〉，國科會研究論文，油印本，154 面，1967。
　2.〈美國圖書館之目錄合作制度〉，《圖書館學論叢》（臺北市：臺灣學生書局，1984b），頁 403-430。

3 王振鵠，〈美國圖書館之合作採訪制度〉，收入《圖書選擇法》（臺北市：臺灣師範大學圖書館，1972a），頁 114。

觀點而言,迅速正確,奠定統一標準;自教育觀點而言,促進知識交流,便利學術研究。

先生任中央圖書館館長後,不但關心全國圖書館事業的合作發展,也要承擔國際合作與交流的責任。中央圖書館創館之初,即專設單位,負責出版品國際交換,其任務不僅限於國內外書刊的交流,還擴及到國際圖書館合作與學術交流,舉凡國內外圖書館互訪參觀、舉辦國際會議、參加國際書展、洽研專業合作與學術交流,都包括在內。

合作除了看的見的互動與連繫以外,還隱含著看不見的接納、涵容與服務在內。先生在少年參與抗日活動,曾被關在監獄,鍛鍊出忍人所不能忍的堅毅個性,他在大學作導師時,常向學生介紹張群先生《談修養》這本書,並且將「謙抑以應世,協和以容眾」的意境融入到修為之中,以致於在推動國內圖書館合作與國際交流時,多有建樹。以下分就「國內圖書館合作」與「國際交流」兩部分,分述先生在中央圖書館任內的成就。

第二節 國內圖書館界合作

(一) 成立合作組織及推動合作編目

民國 70 年,在先生的號召下,成立「中華民國人文社會科學圖書館合作組織」,為什麼要有此一組織?這個

第七章　促進國內圖書館界合作與國際交流

組織有什麼影響？先生說：[4]

> 我接任中央圖書館工作之後，感覺到假如我們要和各學術圖書館、公共圖書館、專門圖書館合作聯繫，中央圖書館一定要擔當起主導的角色，才能有效結合全國圖書館的資源來發展，……這個組織……是謀求圖書館之間的資源合作與服務的交流推廣。……一方面推動館際合作、資料互借、複印服務；另一方面，謀求聯合目錄的編製，有關人文及社會科學資料的開發利用等等。十幾年來，這個組織的會員陸續增加到一百多所圖書館，這對於中央圖書館推動一些合作計畫有很大的幫助。

由此可知，先生是基於「資源共享」的理念，創建此一合作組織，符合國際圖書館協會聯合會（IFLA）在1973年所提出的「世界出版品利用（Universal Availability of Publication, UAP）的宗旨，根據聯合國文教組織對UAP的闡釋，認為「UAP最終的目的是要做到無論何時，無論何地，都要盡其所能的滿足讀者所要求的資料，並採取必要的措施促進國內與國際出版品的流通，並加強新出版品

4　王振鵠，《書緣：圖書館生涯五十年》，頁172。

從出版到保存各項工作。」⁵這個目標與先生一向所服膺並力行的服務觀相互脗合。

中華民國人文社會科學圖書館合作組織成立後，以館際互借與複印為基礎，凝眾會員館的共識，打算逐步拓展到合作編目、合作採訪及合作典藏。組織以中央圖書館為聯絡，先生並擔任首任召集人，並提供中央圖書館的人、物力協助組織的運作。初期在國內各圖書館尚不能自給自足的情況下，組織的運作很不容易，但仍在平穩中力求成長，曾經擔任過組織執行秘書的莊健國先生說：⁶

> 本組織……難能可貴之處在於能以微薄的經費及兼職的人力下，奮鬥經營下去，平常除了發行、贈送與交換服務通報以外，尚不定期舉辦研討會，編印相關手冊、簡介，以加強各會員間合作關係，進而提昇服務效能。

合作編目是先生念茲在茲的另一個對國內圖書館的重要服務，也是中央圖書館推動圖書館自動化的具體目標之一，雖然先生在中央圖書館卸任前，計劃中推動的全國圖

5　王振鵠，〈文獻處理標準化問題〉，《中國圖書館學會會務通訊》，77（臺北市：1990），頁 20。

6　莊健國，〈穩定中成長的「中華民國人文社會科學圖書館合作組織」〉，《臺北市立圖書館館訊》，5:2（臺北市：1987），頁 44。

書書目資訊網及國家書目中心尚未提供正式服務,但已經緊鑼密鼓的籌備多時並試行營運,其過程簡述如下:

・民國 76 年 1 月,召開「圖書館合作編目建檔會議」,商討作業程序,並舉行「學術圖書館合作編目建檔作業細則討論會」及「作業人員講習會」。同月,通過「學術圖書館合作編目建檔暫行辦法」。
・民國 76 年 2 月,彙編合作編目各館新收中文圖書期刊及資料為「合作建檔新書通報」,每周編印一期。
・民國 76 年 3 月,舉行「合作館線上查詢講習會」。
・民國 76 年 4 月,召開「合作編目會議」。
・民國 76 年 12 月,舉行「合作編目成效檢討會」。

多年來,合作編目以及館際複印已成為國內圖書館的日常營運及服務項目,習焉而不覺其特別,然而當年在草創之初,的確是篳路藍縷,至為辛勤。

(二) 參與圖書館學會及制定〈圖書館法〉

先生早年即參與中國圖書館學會(現稱「中華民國圖書館學會」),並曾擔任多個委員會召集人及常務理事會理事(民國 80 至 84 年更出任理事長,目前是學會榮譽理事長)。圖書館學會雖然是民間組織,但是在圖書館事業發展的過程中扮演著重要的聯絡平臺角色。早年臺灣圖書館還在慘淡經營時,先生及其他多位先進為學會貢獻甚多,先生出任中央圖書館館長,更多方提供資源,挹注學

會的發展，諸如提供人物力協助會務，提供場地辦理暑期研習班等，不一而足，其中耗時最久，費力最多的就是〈圖書館法〉的制定。

〈圖書館法〉的制定從民國 55 年即有倡議，64 年學會法規委員會由先生任召集人，擬具草案，（圖 10）歷經多次修訂，於民國 76 年陳報教育部，直到民國 90 年公佈施行，過程漫長，先生曾說：[7]

> 從民國 76 年學會陳報草案到 90 年正式公佈，〈圖書館法〉的制訂歷經 14 年的歲月，我在中央圖書館館長任內遷建新館工程自確定建地到落成啟用前後費時 8 年，相較之下，〈圖書館法〉的制訂當屬個人參與圖書館經營耗時最久的工作之一。

這部〈圖書館法〉是我國第一部綜合性的圖書館基本法，它的內容及立意包括以下幾點：[8]
一、確立圖書館的組織體系與功能，
二、訂立圖書館管理與協調機制，
三、統一制訂圖書館營運基準及技術規範，

---

[7] 王振鵠，〈〈圖書館法〉的制定〉，《中華民國圖書館學會六十周年特刊》（臺北市：中華民國圖書館學會，2013a），頁 3。

[8] 王振鵠，〈圖書館法與圖書館事業之發展〉，《中華民國圖書館年鑑》（臺北市：國家圖書館，2002），頁 29-31。

第七章　促進國內圖書館界合作與國際交流

四、確定圖書館與讀者之權利義務關係，
五、重視專業服務與領導，

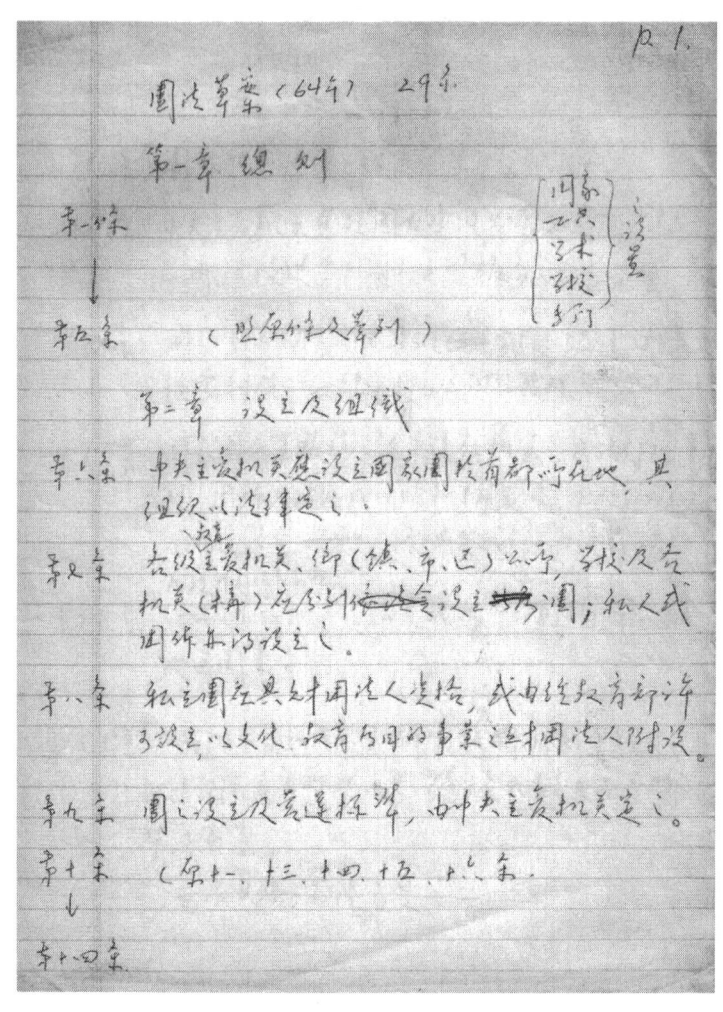

圖10　先生所起草的〈圖書館法草案〉手稿

六、成立館際合作組織及網路系統，

七、建立輔導體系與評鑑制度，

八、確定國家圖書館保存國家圖書文獻之責任。

〈圖書館法〉對事業的發展產生什麼作用？先生於民國 68 年在教育部討論該法時，曾說：[9]

> 「圖書館法」……不是為解決一時一地的問題，我們是希望建立圖書館事業發展的法制基礎，保障圖書館事業的正常發展和運作。尤其現在公共圖書館普遍設立，但是各地方行政首長對圖書館的重視情形不一……。為謀求未來的圖書館事業正常發展，勢必要有法律保障，我們希望法治而非人治。

先生對事業的發展充滿熱切的盼望，這動力支持他傾注十多年之力推動〈圖書館法〉的制定，以服務國內圖書館界。〈圖書館法〉是導引事業方向和具體作為的依據，固然「徒法不能自行」，但是〈圖書館法〉在擬訂過程中，凝聚了無數人的智慧，顯示出臺灣圖書館界充沛的活力。

9　王振鵠，《書緣：圖書館生涯五十年》，頁 173。

第七章　促進國內圖書館界合作與國際交流

(三) 舉辦相關會議

先生在中央圖書館任內,與圖書館界互動頻繁,不時舉辦各種專業會議,以資交流合作,除了前述各種館際合作相關會議以外,他如民國78年主辦「全國高級中學圖書館業務研討會」,並編印《高中圖書館經營文獻選輯》;又如民國72年協辦「古籍鑑定與維護研習班」。在所舉辦的各種會議中,對圖書館影響最大的當係民國78年2月的「全國圖書館會議」,這次會議為政府遷臺後所舉行第二次全國性會議,邀請各級行政主管、資訊界以及圖書館從業人員,就與圖書館有關的法規標準、各類圖書館職能、館際合作、網路規劃、教育培訓等方面,通盤檢討,前瞻未來,提出具體可行的解決方案,以供相關單行採行,並作為全國圖書館努力的方向。

兩天會期分為五場次會議,依次為組織與管理(綜合)、大中小學暨專門圖書館組織與管理、公共圖書館組織與管理、圖書館服務與合作制度、圖書館資訊服務、圖書館員教育與任用,會議討論了58個提案,其中最具成效的就是建議教育部成立「圖書館事業發展委員會」,統一規劃有關圖書館的合作發展事宜。教育部隨即採行此一建議,成立該委員會,並在當年(78年)12月召開第一次會議,此一委員會的成員包括圖書館界以及教育界的學者專家,並邀請教育部、省教育廳、臺北、高雄兩市教育

局、鄉鎮圖書館及縣市文化中心代表參與，匯聚了圖書館各方面的專業及行政資源。該委員會在之後約近十年間，進行廣泛討論，並研擬十餘項專案研究，對國內圖書館甚具影響。

(四) 進行專業調查及輔助出版

在先生任內，中央圖書館除持續定期編印《中華民國學術機構調查錄》外，並創編若干頗具影響的專業書刊，諸如《中華民國圖書館年鑑》以及《臺閩地區圖書館現況調查》，前者於民國70年創編，77年編印第二次（版）年鑑；後者於民國70年及72年分別編印出版。年鑑係記錄我國圖書館事業發展的史實，並報導現況，內容包括：圖書館事業發展經緯、現況調查、專業教育、學術論著、團體組織、大事紀要及法令標準，齊備周全，足資參考；第二次年鑑體例仍前，稍有擴充。

民國75年，中央圖書館遷到新館，當年11月舉辦「全國雜誌大展」。次（76）年，與行政院新聞局、幼獅文化事業公司聯合辦理「中華民國臺北第一屆國際書展」，這是臺灣舉行首次國際書展，目的在增進國內外出版社的交流互動、並提昇國內出版水準，加強學術界與出版界的合作。書展共舉行七天，國內200餘家出版社提供2萬餘冊書刊，書展同時舉行多場座談會及專題演講，特邀請國際出版協會會長來臺參加。書展在七天內共有萬餘人次參展，是一個成功的開端。

第三節 國際交流

(一) 出版品交換與文化交流

對中央圖書館而言，出版品國際交換，具有雙重效益，有形的效益是不需價購，即可獲得其他國家許多重要書刊。尤其是政府出版品；無形的效益是藉交換關係，增進彼此的互動與瞭解，進而達到國際文化交流的附加值。中央圖書館於民國 22 年開始籌備，當時經費有限，購書費用拮据，根本無力訂購外文圖書，蔣前館長復璁先生便籌印《四庫四書》，影印出版《四庫全書珍本初集》，與國外圖書館交換書刊，從而增益館藏。民國 64 年，在諸家駿館長任內，中央圖書館開始將館藏善本古籍拍攝成縮影微捲，先生任內，持續進行，直至 67 年全數拍攝完畢，並利用此善本微捲與海外大量交換書刊，大量充實館藏。

民國 60 年，政府退出聯合國，已建交國家紛紛與我斷交，民國 67 年中美斷交，外交情勢至為險峻，我政府對外交流備感艱辛，中央圖書館由於長久與國外進行出版品交換，在全球和數百餘個圖書館及文化機構維持穩定交換關係，得以持續了國內外部分的文化合作與交流。

除了出版品交換，中央圖書館並持續參加國際書展及國際組織年會，國際書展的性質包括了綜合性、專題性以及學術組織年會和特殊性展覽，參加國際書展一方面宣揚我國文化成果，另一方面開拓國際視野。

二戰之後，美國提倡區域研究，重視漢學資源，由於北美東亞圖書館的性質與中央圖書館同屬學術圖書館，所以彼此間互動密切，先生在中央圖書館任內，北美各東亞圖書館是當時出版品交換及專業交流的重要對象，包括美國國會圖書館、哈佛大學哈佛燕京圖書館及加州大學柏克萊分校、哥倫比亞、芝加哥、普林斯頓、耶魯、華盛頓等大學東亞館與中央圖書館互動頻仍，先生與各該圖書館負責人來往密切，對國內外專業交流影響甚大。（圖11）

圖11　民國70年李約瑟博士訪問國立中央圖書館

此外，由於美國圖書資訊學教育甚受國內重視，透過國際會議、互訪觀摩。在先生任內，中央圖書館與美國重要圖書館專業教育機構往來頻繁，對國內圖書館頗有影

第七章　促進國內圖書館界合作與國際交流

響，尤其先生於民國 64 年創編《圖書館學與資訊科學》（Journal of Library and Information Science）此一國際性專業刊物，並與「美中地區華人圖書館員協會」（Mid-west Chinese American Librarian Association）合作編印，一方面研究及介紹圖書館學和資訊科學的新知專技，另一方面作為國內外圖書館溝通、瞭解的橋樑，該刊出版至今三十多年來，迄未中輟。

(二) 舉辦國際研討會

先生在中央圖書館任內，每隔一兩年就舉行一次國際性的專業會議，重要的尚不是會議的次數，而是會議的品質及其影響，這些會議都經過縝密的規劃和慎重的籌備，並非為開會（或聯絡）而開會，摘述各次會議如下：[10]

1. 圖書館事業合作發展研討會：民國 69 年，主題包括：國家建設與圖書館事業、國內外圖書館合作與資料交換、圖書館教育現況與檢討、自動化作業展望。
2. 中文圖書資料自動化國際研討會：民國 70 年（協辦），展示中文電腦化成果並建立國際合作關係。
3. 中文資訊專題研討會：民國 71 年（協辦），推介中文圖書資料自動化成果，包括中國機讀編目格式、中文資訊交換碼等。

---

10 國家圖書館，〈國際交流與合作〉，《國家圖書館七十年記事》（臺北市：國家圖書館，2003），頁 216-217。

4. 亞太地區第一屆圖書館學術研討會：民國 72 年，主題包括圖書館資訊與服務、自動化作業、各國語文資料處理技術、圖書館教育、圖書館合作與資料分享。
5. 亞太地區第二屆圖書館學術研討會：民國 74 年（協辦），由韓國中央圖書館和圖書館協會主辦，中央圖書館負責臺灣的聯絡代表以及規劃單位。
6. 1986 年圖書館事業合作發展研討會：民國 75 年，主題包括：國家圖書館與資訊服務政策、圖書館技術服務與讀者服務、資訊傳輸與系統、國際資訊合作與交流。
7. 中美圖書館資訊技術研討會：民國 76 年，主題包括：資訊技術、資訊網路系統與圖書館法、資訊保護光碟技術、自動化現況。
8. 圖書館自動化與資訊網研討會：民國 77 年，主題包括：國家圖書館與資訊系統政策、圖書館與資訊系統技術標準及交換碼、圖書館與資訊網、圖書館與資訊專家教育及訓練。

由以上敘述可知在先生領導下，當時的中央圖書館不僅奮力迎向資訊的浪潮，並且獲致相當的成果，足可與國外相互切磋；此外，也可瞭解，當時中央圖書館的焦點不限於資訊技術，還包括資訊教育以及政策，好為全國性的資訊發展預作規劃。

第七章　促進國內圖書館界合作與國際交流

　　中央圖書館曾經兩度籌辦亞太地區圖書館學術研討會，分別是民國 72 年擔任主辦、民國 74 年協助辦理。這個會議是由亞太理事會所設亞太地區文化社會中心所倡議，在臺北舉行了第一次會議。（圖 12）先生曾經就第一屆亞太地區圖書館學術研討會的會議經過加以評述，他認為此次會議的成效已超過一般國際會議的水準。針對會議的內容及其影響，先生說：[11]

圖 12　民國 72 年亞太地區第一屆圖書館學術研討會

---

11 王振鵠，〈亞太地區第一屆圖書館學研討會紀要——中華民國七十二年三月十四日至十九日〉，《圖書館學與資訊科學》，9:1（臺北市：1983），頁 102-106。

一、此次會議參加國家十六國，出席人員近一百五十人，可說是我國第一次舉辦的具有多方面代表性的國際圖書館學會議。尤以代表中包括了亞太地區各國，以及歐美國家圖書館學與資訊科學專家，可謂盛況一時。……

二、各國論文報告所顯示的技術方法中，實亦蘊含了各國不同的文化背景及教育觀念，以及各國政府對於圖書館事業的價值觀。個人認為這一次會議的最大收穫並不在於各項問題的解決，或是達成若干項協議，最重要的是借這一次研討會的機會，使過去不相往來的各國代表們聚集一堂，就現代圖書館事業的重要性與社會價值、自動化作業的趨勢與必然性，以及圖書館教育發展方向等等，有一共同的體認與肯定。各國代表在瞭解其他國家的情況之後，亦可調整本身的做法，肯定或增強本身的作法與信念。

三、各國代表在參觀之後，對於我國圖書館自動化作業的快速發展有一深刻印象。我國圖書館自動化作業在文字專家、資訊專家與圖書館界通力合作，相互配合下，始有此進度。尤以「中國編目規則」、「中文

第七章　促進國內圖書館界合作與國際交流

圖書標題目錄」與「中國機讀目錄格式」的研訂，更非一蹴可成，乃屬圖書館界共同努力，長期研究的成果，這是圖書館界值得安慰的事。

四、在此次會議中，由於我國政府對於文化建設的推展，以及中文圖書資料自動化作業的成就，各國蒐藏中文資料的圖書館多提出未來可能合作建議或計畫。

五、有關具體建議略包括：另舉辦中文電腦技術研討會，向國際推廣成果；國內應普設圖書館學與資訊科學研究所，並籌設博士課程；整體規劃我國培育圖書館專業人員的制度；繼續強化中文圖書資料自動化作業之研究與發展（包括全國資訊網、建立資料庫、規劃權威資料與檢索系統、建立合作編目……。）

亞太地區第一屆圖書館學術研討會的辦理及影響是一個代表性的例子，先生在任內所舉辦其他各次國際會議均獲相當成果。

(三) 出席會議及參訪

先生在中央圖書館任內公務蝟集，從不作無謂的出國，而多鼓勵部屬到國外增廣見聞。先生幾次重要的出國，

101

不外乎參與國際專業組織會議，爭取臺灣地位；或率團出席，促進交流；或受頒榮譽學位，宣介館務，對於中央圖書館乃至於臺灣圖書館的國際交流，都有助益。

　　國際圖書館協會聯合會（IFLA）是全球圖書館最重要的專業會議，先生於民國 66 年參加國際圖聯第 42 屆年會兼 50 周年大會，當時臺灣因退出聯合國而喪失會籍，而由個別圖書館以會員名義出席。會後先生就會議要點作了若干介紹，他說：[12]

> 美國國會圖書館長 Dr. Boorstin 致詞，警告圖書館員說電視和電腦的發展將有取代「圖書」和「人」之勢，但是根據歷史通則，一種新的技術之產生是舊的技術之「轉彎」，而非「取代」。圖書館員不僅應學習「掌握媒體」，更要作一個「愛書者」。……
> 各國對交換工作諸多困難，但咸認仍應加強進行，此項工作不僅為一蒐集圖書的方式，也為一國際文化合作途徑。……
> 編目工作研討會由 IFLA 提出報告，……1970 年 IFLA 成立了三個小組草擬各項規則，公佈

---

12 王振鵠，〈國際圖書館協會聯合會五十週年大會紀要〉，《國立中央圖書館館刊》，10:2（臺北市：1977），頁 57-63。

第七章　促進國內圖書館界合作與國際交流

了附有說明文字的 ISBD(G) 稿本。

> 亞洲區域小組於 1976 年在韓國召開研討會，出席有百餘人，商討亞洲圖書館合作事宜。……區域小組現有 27 個國家會員，而全體會員，包括各國圖書館協會及團體共有 73 個之多，……。

由以上摘述中可知此次會議與先生日後推動臺灣圖書館自動化以及舉辦亞太地區圖書館學術研討會彼此間隱然有若干脈絡。

民國 68 年，先生出席國際圖聯在丹麥所舉行的第 45 屆年會，會議主題是「圖書館立法」，先生在會議紀要中提及若干重點：[13]

> 大會會長克其格博士（Dr. Preben Kirkegaard）致詞。……此次會議以「圖書館立法」作為研討主題，……丹麥於 1920 年就已經國會通過法案積極倡導圖書館事業，……該項法案曾一再修訂，以適應社會結構變遷及各地不同的需要。（本屆年會）國家圖書館組討論「出版品繳存制度」，……一般認為繳存制度保存文化資料

---

[13] 王振鵠，〈國際圖書館協會聯合會第四十五屆年會紀要〉，《國立中央圖書館館刊》，12:2（臺北市：1979），頁 55-61。

的目的重於其他目的，……是否應予補償或逾期罰款應視各國情形而定，傳統方式偏重自由繳存，而新近各國多採取補償制度。

丹麥圖書館事業的最大特色為合作管理制度，國家設有幾個全國性組織，對於支援連繫全國圖書館事業頗具效用：一、全國公共圖書館督導處，二、丹麥圖書館局，三、丹麥裝訂中心，四、丹麥公共圖書館集中存儲圖書館，五、全國流通中心，……。

今後為順應圖書館事業發展之趨勢，並參照各國現況，應訂定一包括各類型圖書館工作的圖書館法或條例，其中不僅就全國圖書館制度有所規劃，更應對各類型圖書館之功能、人員、經費有一明確的區分與規定，……

先生隨時留意國際發展趨勢，藉以規劃國內圖書館的發展，由以上會議紀要可見一斑。

民國 70 年，臺灣圖書館界組織了一個 20 人的訪問團，由先生領隊，出訪日韓，在 15 天內參訪 23 個圖書館及有關機構，兩地圖書館學會負責人和到訪圖書館及機構均熱烈歡迎接待，先生在訪問報告中提到若干觀感，包括：[14]

---

14 中國圖書館學會，〈中華民國圖書館日韓訪問團報告〉，《中國圖書館學會會報》，33（臺北市：1981），頁 108-114。

第七章　促進國內圖書館界合作與國際交流

本次訪問，除觀摩日本、韓國圖書館事業之發展情形外，並廣泛與圖書館界領導人士接觸，對於今後我國圖書館事業之改善以及文化關係之促進有莫大幫助。……在公共圖書館中，……建築設備之適用、開架制度之採行、兒童服務之周全，以及對殘障讀者服務之考慮，均值得我國縣市立圖書館之參考。在大學圖書館中，……建築、館藏及服務上各具特色。在專門圖書館中，日本及韓國科技情報中心，人員資料至為完備，日本科技情報中心訂購期刊萬餘種，約聘人員五千人擔任論文摘要工作，已形成一企業化之專門性組織。……
日本圖書館之建築設備，由於其工業技術條件優越，而有獨特之設計，足供我國文化中心建設之參考。尤以日本若干建築師對設計圖書館經驗豐富，建議應邀請其中一、二位來華就圖書館設計方面作一指導性諮詢工作。

　　本次參訪成員大多是臺灣各地區公共圖書館負責人或主管，當時正值政府推動文化建設，此次訪問對各地區文化中心之營運實有影響。

第四節 效益及影響

先生所推動的「國內圖書館合作」及「國際交流」，分別在國、內外發揮影響，如下所述。

(一) 國內圖書館合作

政府遷臺後，民生凋敝，圖書館始終在艱苦中奮進，根據先生於民國72年所發表《建立圖書館管理制度之研究》，當時臺灣的圖書館分佈不均，大都集中在都市；圖書館有關的法令規章與現況脫節，各種標準不盡切合社會需求；在行政組織上，圖書館的地位普遍偏低，人力不足，經費缺乏；在實際營運上，採購書刊手續繁複，編目規範又多分歧，讀者利用情形不佳，圖書館服務被動。[15]

在館際合作上，尤顯不足，民國70年只有176所圖書館加入館際合作組織，參加率為18.7%，其中以專門圖書館所占比例最多，為50%；其次是大專圖書館，為41.5%；再次為國家及公共圖書館，為4.6%，而高中高職、國中國小則完全沒有加入任何館際合作組織。[16]這個情形與當時國外圖書館相較，差了一大截。以美國為例，全國性的合作計劃包括：法明頓採訪計劃（Farmington Plan）、

---

15 王振鵠，《建立圖書館管理制度之研究》（臺北市：行政院研究發展考核委員會，1983），頁43-46。

16 王振鵠，《建立圖書館管理制度之研究》，頁42。

第七章　促進國內圖書館界合作與國際交流

480號公共法案（Public Law 480）、美國採訪及編目計劃（National Program for Acquisitions and Cataloging）……等，此外，全美已有350個館際合作體系或資訊網。再舉英國為例，全國共有9個區域合作系統，各自包括了公共圖書館、學術圖書館和專門圖書館，在區域組織可滿足百分之九十以上的查詢，專設有 National Committee on Regional Cooperation 負責協調區域間合作系統或區域與英國圖書館之間業務。再以丹麥為例，該國的公共圖書館服務極為普遍，館際合作也極發達，全國有一個接觸點繁多的圖書館網，提供免費的圖書館服務，另在文化事務部之下的公共圖書館督察（State Inspection of Public Libraries）居間輔導協調各公共圖書館之服務，並有國家借閱中心（National Loan Centre）作為公共圖書館與研究圖書館和其他類型圖書館之間的館際合作中心。[17]

這種合作上的差距絕非一蹴可幾，在館與館之間要產生實質的合作之前，必需要先建立好服務的觀念，也就是俗稱的「已立立人，已達達人。」先生在中央圖書館的各項作為，為國內的合作奠定了良好的基礎，其影響包括：

1. 凝聚共識

先生創立「中華民國人文社會科學圖書館合作組織」、推動合作編目、與圖書館學會合作推行自動化、擬訂圖書

---

17 王振鵠，《建立圖書館管理制度之研究》，頁111-124。

館法、舉行「第二次全國圖書館會議」……等皆有助於凝聚圖書館的共識,以集中資源,共謀臺灣圖書館服務的整體提昇。

2. 服務館界

以上所述進行專業調查及出版,諸如創編《圖書館年鑑》、《臺閩地區圖書館現況調查研究》、舉行「全國高中圖書館業務研討會」及「全國圖書館會議」,又辦理「第一屆臺北國際書展」都是服務全國圖書館,乃至於出版界及其他文化教育事業明顯的好例子。

(二) 國際交流

中央圖書館本身即擔負出版品國際交換的要務;此外,在國際圖書館界,它也是臺灣最正式的代表。自政府於民國 64 年退出聯合國,並與世界大多數國家相繼斷交以後,各個專業都陷入對外交流的危機之中,不但影響與國際同步成長的機會,也失去了推介臺灣發展的企機。在這段時間內,先生掌握既有出版品國際交換的基礎,繼續持續出席國際圖書館專業會議與各項書展,也主動爭取對我友善的國外圖書館及專業組織,進行各項合作與互相參訪,所產生的影響包括:

1. 汲取國外長處與經驗

先生任內,中央圖書館不因國家外交關係的中斷而

第七章　促進國內圖書館界合作與國際交流

阻絕了對國際上專業成長的瞭解,仍然維持正常的對外關係,尤其是在北美以及亞洲這兩個地區,藉諸書刊交換、人員互訪及國際會議,長期維持了穩定的合作互動關係,殊為不易。

2. 推介臺灣圖書館

先生任內,中央圖書館舉辦,包括主辦或協辦,八次國際研討會;更多次派員至國外參加專業會議,最主要的目的除了增進彼此的瞭解之外,就是推介臺灣圖書館的發展與成就,其中更以當時國內所推動的圖書館自動化以及文字處理最為突出。日後先生回憶當時的情形,說:[18]

> 民國71年8月,參加在澳洲首都坎培拉舉行的「中文書目自動化國際研討會」,電腦界的謝清俊、楊鍵樵、黃克東三位教授,圖書館界的沈寶環、藍乾章、胡歐蘭三位教授,共六個人出席會議。電腦界的三位教授主要談中文資訊交換碼(CCCII)的相關問題,圖書館界的三位準備的是中文機讀目錄格式、中文編目規則,以及圖書館自動化發展的問題。……在會議中,我們的研究成果,不論是字集、字碼、機讀格式或編目規則,都受到相當的肯定。尤其

---

18 王振鵠,《書緣:圖書館生涯五十年》,頁146-147。

我們的幾位代表準備得非常周詳完備,又有相當好的語文表達能力,同時在人際關係上的聯繫相當密切,因此參加這次會議非常成功,增加了我們對於開發中文機讀編目格式和編目規則的信心,也使得謝清俊教授他們對於中文資訊交換碼未來的發展,獲得很大的鼓舞。

我也曾經代表中央圖書館參加過幾次有關資訊的國際會議。民國71年美國資訊學會(ASIS)第45屆年會,在美國俄亥俄州Columbus舉行,會中舉辦了一次中文資訊專題研討,將我們研究的MARC跟CCCII等成果發表展示,獲得國際的重視。另外,69年時組團參加在菲律賓舉行的IFLA年會,和各國代表討論到中文資訊交換碼和機讀格式問題。

第五節 結論

先生認為廿一世紀的社會是一個趨向於「民主化、資訊化、多元化以開放化」的社會,而廿一世紀的圖書館也要根據此一社會來提供相對的服務。此外,「合作化」是未來的重要趨勢之一,沒有一個圖書館能因應如此快速而多方面的需求,館際合作的發展為提昇圖書館服務的唯一

必行方式。[19]

　　在館務上,先生以各種不同的方式來表達他對國內外圖書館合作與交流的殷切期盼。在先生的領導、館內同仁的努力以及圖書館界的支持之下,當時的中央圖書館無論在國內合作或是國際交流,都顯示出主動積極、自信進取,為臺灣的圖書館揭示出美好的前景。

---

19 國立中央圖書館館訊編輯部,〈全國圖書館會議綜合報導〉,《國立中央圖書館館訊》,11:2(臺北市:1989),頁 1-5。

第八章 提昇館務發展的重要因素

第八章　提昇館務發展的重要因素

　　圖書館是社會的產物，也是文明的指標，它一方面要隨著社會的變遷而不斷演進，另一方面也要藉著本身的服務去豐富群體的生活素質。所以，社會是圖書館的依托，而圖書館的成長則反映出社會的進步。由此可知，圖書館與社會關係密切。

　　先生深深瞭解圖書館與社會之間的密合關係，是故，他不斷體察社會的脈動，包括教育的方向、民眾的需求以及國家的政策……，同時也掌握並爭取外界的支持，以增加圖書館活動的空間，並彰顯圖書館服務的成效；此外，先生深厚的學養、勤正廉潔的行事、兼容並蓄的待人以及精湛的行政管理，就像是一塊蘊育著強烈吸引力的磁石，滙聚凝結了諸多的力量，並且讓它發熱、發光，作為一盞引領向前的明燈。

　　先生任內，中央圖書館的館務日益提昇，服務的績效超邁以往，仔細推究而論，有諸多形成的因素，分述如下。

第一節　國家重視文化建設

　　政府遷臺後，生聚教訓，深知國民的素養為立國之根本，所以重視推動教育，加強師範教育、培養師資，並普及國民小學教育，凡6歲至12歲的學齡兒童，一律接受基本教育，已逾學齡而未受基本教育的國民，一律提供補習教育，皆免納學費。之後，隨著經濟的發展，國民受教

需求跟著增加，政府遂於民國 58 年將以上義務教育由 6 年延長到 9 年，臺灣在近 50 年前所推動的「九年國民義務教育」是國家進步、社會發展的明顯指標。民國 68 年，蔣經國先生時任行政院長，繼十大建設之後，賡續推動十二項建設，並且特別列入「文化建設」，文化建設的目的在使國民享有健康的精神生活，好與富足的物質生活相輔相成，最終則是要建立一個現代化的國家。

先生於民國 66 年出任中央圖書館館長，時值政府推動文化建設，先生掌握這個難得的企機，突破無數的困難，而將中央圖書館的遷建列入到中央所推動的文化建設項目之下。今日回顧，當時政府若沒有推動文化建設的決心和魄力，中央圖書館無此機會遷建新館，更不可能在當時帶動社會重視圖書館的服務及發展；相對地，即便當時政府頒行了文化建設，若無先生極力向教育部爭取將中央圖書館的遷建列入，若沒有堅強的毅力和決心多方爭取土地，若沒有縝密的規劃和勞力瘁心的持之以恆、始終其事，日後也不會有這一幢巍峨的館舍矗立在精華市區中，更提不到其對臺灣圖書館界整體發展所產生的深刻影響。

第二節 外界提供相關協助

中央圖書館的遷建歷任教育部三位部長，議起於李元簇部長，動土施工於朱滙森部長，落成啟用於李煥部長，

第八章　提昇館務發展的重要因素

其中於朱滙森部長任內最久。過程中最重要的若干環節，包括建地住戶的搬遷、規劃與設計、預算的核定、工程發包施作與驗收，都是在朱部長任內完成。朱部長對中央圖書館的遷建非常支持，對先生尤其信任有加。民國71年，朱部長親自主持遷建動工典禮，在致詞中說：「這個工程是國家非常重要的一項文化建設，今天能夠順利動工，不能不感謝王館長的堅持與努力，王館長有原則、有方法，同時非常認真負責，這個工程才能夠順利開工。」[1]先生沒有辜負朱部長的信任與支持，對遷建全力以赴，不但以公開、公正、公平的態度完成這項艱鉅的任務，並且到最後工程結案時，不但沒有超出核定的工程預算，反而因為嚴格控管和壓低決標底價，只用了九億零六百七十萬，節餘了一億一千八百二十四萬，這在政府公共營建史上可說是絕無僅有的紀錄。[2]

另外一位如同朱部長支持遷建工程的就是當時的政務委員李國鼎先生，（圖13）他不但適時協助遷建預算的通過，並且對先生所規撫推動的自動化及資訊網路工作也大力支持。

---

[1] 王振鵠，《書緣：圖書館生涯五十年》，頁113-114。
[2] 王振鵠，《書緣：圖書館生涯五十年》，頁115。

圖 13　政務委員李國鼎先生於資訊圖書館啟用典禮（右側自裡至外依次為李國鼎先生、王昭明先生、何宜慈先生）

民國 71 年，經建會審查中央圖書館遷建預算，若干委員不但質疑遷建的必要性，同時反對動用十億臺幣（包括建築費及地上物拆遷補償費）來興建圖書館，李國鼎先生獨排他議，說：「政府花十億元來遷建一所國家圖書館，實在是有其必要，臺北市一條建國南北路花了多少錢，難道國家圖書館還不如一條馬路？」[3] 李國鼎先生語畢，在座沒有任何反對意見，遷建工程預算終獲通過。

當時，李國鼎先生還負責中美教育文化基金會，這個基金會是由美國退還中國庚款賠償所成立。李國鼎先生甚

3　王振鵠，《書緣：圖書館生涯五十年》，頁 107。

具國際觀與前瞻眼光,在民國 60 年代即預見資訊將大幅改變並提昇國家競爭力,對於中文資訊處理,頗為支持。當時,謝清俊、黃克東、張仲陶及楊鍵樵等電腦專家,結合了圖書館界和文史學家,在國家科學委員會及中美教育文化基金會的支持下,成立了「國字整理小組」,推動中文資訊交換碼。中文資訊交換碼處理電腦內碼的轉換,與圖書館自動化關係密切,在往後的若干年間,「自動化」與「中文資訊交換碼」是臺灣圖書館界向國際推廣介紹的重要項目,屢屢在國內外會議上展示說明,並獲得國際的重視與肯定。每當在國內舉行相關會議或出席國際會議,而經費拮据時,大都向李國鼎先生所主持的中美教育文化基金會申請補助。

　　李國鼎先生同時擔任中央研究院中美科學學術合作委員會(簡稱中美會)主任委員,民國 77 年,中央圖書館與中美會等單位共同主辦「圖書館自動化與資訊網研討會」,李國鼎先生擔任會議籌備會榮譽主任委員,先生擔任籌備會主任委員,會議探討圖書館與資訊系統政策、圖書館與資訊系統技術標準及交換碼、圖書館與資訊網及圖書館與資訊專家教育及訓練等主題,國內外百餘位代表參加。李國鼎先生在開幕致詞表示:[4]

4　國立中央圖書館館訊編輯部,〈圖書館自動化與資訊網研討會〉,《國立中央圖書館館訊》,10:3(臺北市:1988),頁 16-22。

中華民國經濟建設的成功，帶動了文化、教育、政治與社會的進步，而學術研究與科技的發展，也促使資訊社會的早日實現。如要滿足國民對於資訊的要求，勢必要提昇資訊服務的品質，與充實資訊資源。就圖書館而言，如何在研訂資服務政策之同時，兼及館藏之充實，訂定國家文化資源的發展計畫，將是非常重要之課題。

民國 73 年，李國鼎政務委員提議興建資訊大樓，作為推動資訊的研究、展示及教育中心，並邀請中央圖書館參與興建，成立「資訊圖書館」，服務資訊界及社會。當時由行政院核定，撥付經費並增列人員。民國 77 年 9 月資訊圖書館正式啟用，由中央圖書館與資訊工業策進會合作營運，李國鼎先生時任資政，對於這個由他一手催生的專門圖書館非常欣慰，在啟用典禮致詞時特別強調：[5]

> 兄弟在行政院擔任政務委員，希望聯合各部會有關的業務，減少重複，使專業的工作蓬勃發展，資訊圖書館合作計劃的成功，是靠教育部、國科會、經濟部的參與。……進入開發的國家

---

5 顧力仁，〈合作啟新頁，資訊謀共享：資訊圖書館啟用綜合報導〉，《國立中央圖書館館訊》，10:4（臺北市：1988），頁 1。

不是靠發財,而是靠知識與努力,才能更進步。資訊圖書館的成立有新的意義,個人的力量微小,要靠資訊界大家的努力。

在致謝詞時,先生表示:[6]

「合作」是國際圖書館事業發展的趨勢,亦即根據合作的精神提供服務,共享資源。國內倡導合作多年,各館際合作組織成效彰顯,但在館與館之間的具體合作,這次是一項創舉。合作經營下,資料更豐富,人力更充實,深符專業化研究性圖書館設置的原則。在資策會人力與資料的支持,中央圖書館在文史各方面深厚的基礎,以及教育部電算中心、國科會科資中心的協助配合、共謀合作,實際上資訊圖書館的資源遠超過在此有限的空間。

先生曾經回憶資訊圖書館的籌建,說:[7]

資訊圖書館的設立一如科技大樓的興樓,都是秉持「合作」的精神完成的,中央圖書館受命

6　顧力仁,〈合作啟新頁,資訊謀共享:資訊圖書館啟用綜合報導〉,頁2。
7　顧力仁,〈合作啟新頁,資訊謀共享:資訊圖書館啟用綜合報導〉,頁3。

  籌辦這樣一個專業科技的資訊供應單位，既榮幸也惶恐，體察時代脈動、支援政府決策是國家圖書館責無旁貸的，兩年來的籌備過程，從資料的蒐集、人力的調配遴選、到聯合服務的規劃，我們始終兢兢業業地慎重其事。中央圖書館在全國圖書館網路發展中，扮演著統籌規劃、協調、聯繫的積極角色，資訊圖書館的啟用，在我們對「自動化」的堅持和努力上，又朝前邁進了一步。

  李國鼎先生被譽為臺灣的「資訊之父」，他是一位先知先行的政治家，對臺灣經濟的起飛和科技的躍進貢獻至深，李國鼎先生對圖書館有一份深厚的感情，他具有強烈的民族意識和國家責任，他也是一位敢說、肯作的實踐家。他對於中央圖書館的愛護，緣出於體認到社會的進步並非靠財富，而端賴於知識的掌握和共同的努力。他對中央圖書館的提攜和協助，正是看到在先生的領導下，中央圖書館始終是兢兢業業、慎重其事的努力奉獻、提供服務。李國鼎先生對中央圖書館的成長實有不可磨滅的貢獻。

第三節 內部的團結合作

  這裡所謂的「內部」，不限於中央圖書館，也包括了

第八章　提昇館務發展的重要因素

圖書館界及其他相關的資訊界等。

在中央圖書館內,先生展現廓然無私的胸襟,既尊賢長,也愛護屬下,當時館內若干資深館員,包括劉崇仁先生、朱學其先生、林愛芳先生等主管,先生皆甚禮遇並尊重;此外,在業務上,也非常倚重若干精勤負責的同仁,諸如汪雁秋女士(出版品國際交換處主任)、胡歐蘭女士(採訪組、編目組及電腦室主任)、張錦郎先生(採訪組、閱覽組主任)、鄭恆雄先生(漢學中心組長)、宋建成先生(總務組、閱覽組主任)、蘇精先生(總務組主任、秘書、漢學中心組長、特藏組主任)……等,這些優秀傑出的人才在不同的崗位上,各自領導著認真努力的同仁,為中央圖書館爭取榮譽。

在國、內外圖書館界及資訊界方面,先生尊長友朋,坦誠待人,對圖書館先進,如蔣前館長復璁先生及嚴文郁先生、藍乾章先生、錢存訓先生……等,執禮甚敬,謙恭有加;與圖書館同道及其他各業互動,莫不虛懷若谷,相對以誠。在海外圖書館界方面,尤其是華裔圖書館員,與先生皆有長期的友誼及良好的互動,例如北美的李志鍾先生、李華偉先生、何光國先生、周寧森先生、吳文津先生、夏道泰先生、萬惟英先生、盧國邦先生、王行仁先生……等、澳洲的王省吾先生、歐洲的馬大任先生、香港的簡麗冰館長、李直方先生……等;此外,凡與先生有來往的各

國圖書館專業人士,莫不對先生的事功以及當時中央圖書館的服務,留有深刻的印象。

蔣復璁先生曾說:「……王館長之貢獻,不限於中央圖書館,其領導師大圖書館及社教系與各大學教課,學識淵博、教澤廣被,成就良多。」[8] 嚴文郁先生回憶與先生過從的感觸時,說:「余於民國四十一年由美返國訪問,識振鵠兄於師大圖書館,見其器宇軒昂、儀表動人,且溫文爾雅,謙沖為懷,更令人易與接近。……每於開會座談之際,見其處事冷靜而堅定,發言審慎而坦率、分析問題,簡明切要、實其學養深邃所致,由是景仰之忱,與時俱增。」[9]

先生與人交往皆發自至誠,「誠」與「恆」是他多年服務人群、服務圖書館所秉持歷久而不變的信念,他曾說:[10]

> 我深深體會到服務人群的要訣,一是誠,誠乃不自欺,不欺人,誠心誠意的實事求是,千萬不能像放爆竹似的圖一時的天花亂墜,放完了什麼也沒留下;一是恆,恆乃信心耐心,擇善固執,堅持到底,持之以恆的人終將有成。

---

8 蔣復璁,〈序〉,《圖書館學論叢》(臺北市:臺灣學生書局,1984),頁3。
9 嚴文郁,《圖書館學論叢》,頁7。
10 雷叔雲,〈謙抑應世協和容眾:館長王振鵠教授〉,《國立中央圖書館館訊》,9:1(臺北市:1986),頁14。

先生以「誠」與「恆」自期並實踐履行，同時以「服務」來代替「領導」，以至於凡與先生互動往來者，都可以體會出有如嚴文郁先生所說的「景仰之忱，與時俱增」。

第四節 先生精湛的學養

先生自律甚嚴，但待人寬厚，在學生及部屬的眼中，「望之儼然，即之也溫」是他最好的寫照。先生家學淵源，孕育出深厚的民族觀，並且具有精湛的文化素養。先生既有容人之量，同時也堅持該有的原則；無論在行事的大方向或是生活的小細節，都以勤正廉潔自持；先生又極富行政管理的器識，不但能高瞻遠矚，並且能協和容眾，以致於事功卓然。

曾經受教於先生，並且在中央圖書館擔任過先生秘書的薛吉雄先生回憶說：[11]

> ……務實忠懇、思慮周密、辨釋明晰、不疾不徐，這些是老師給我感受最深的特質，當然老師的學養豐富、穩健練達更不在話下。……老師對待同仁，年長者尊敬有加，如兄如姐；年少者和藹關懷，親如家人，因此，館內同仁大

---

11 薛吉雄，〈望之儼然即之也溫〉，《寸心銘感集：王振鵠教授的小故事》（臺北市：寸心銘感集編輯委員會，1994），頁 88-93。

> 家也都兢兢業業，努力工作。特別是老師以專業內行人來領導央圖、識見宏觀、秉持不懈；早到晚歸，全心全力投注在圖書館的經營上，一心要把中央圖書館帶領到國際級的國家圖書館。中央圖書館是老師的家，也是他奉獻一切的地方。……
>
> 老師用人任事唯公唯才，都以其人的優點長才為考量，而不論他的出身背景，甚至容忍寬諒不計較他的缺點。中央圖書館很多主管人員能夠發揮其所長，做好份內的事；許多新進同仁也能適得其所，克盡其職。中央圖書館的專業人員，臺大、師大、輔仁、淡江、世新都有，而且在民國七十年以後進入中央圖書館的專業聘任人員，幾乎全部都是國內外研究所畢業的。……

在中央圖書館服務過的易明克先生對先生也有類似的描述：[12]

> 王館長……知人善任，能儘量將適當的人放在適當的位置上，發揮所長而避免所短；而且對

---

[12] 易明克，〈我所知道的王館長振鵠先生〉，《寸心銘感集：王振鵠教授的小故事》（臺北市：寸心銘感集編輯委員會，1994），頁30。

第八章　提昇館務發展的重要因素

人相當信任,用人不疑,在部屬有過時,能勇於為部屬承擔。除了用人以外,他也會對表現優異的同仁適度培養,在工作中提昇素質。因此在王館長時代,同仁往往沒有後顧之憂、得以放手辦事;而圖書館的專業人才也普遍能在工作中自我成長,獲得肯定,對前途也有所期待,工作士氣相當高。

由此,可以得見先生的廓然無私與領導風格。

對於先生的涵養,曾經在中央圖書館秘書室服務過的易明克先生有過近距離的觀察,他說:[13]

王館長平日氣度優雅,神色莊重,很少看到他疾言厲色以對同仁。印象中只有一次,當時我在秘書室,見到他與一位主管為某件事爭執得面紅耳赤,掉頭關門進館長室。由於是頭一次看他如此震怒,秘書室同仁個個張惶失措,不知所以;偏巧正好有緊急公事,非得在這時面報不可,不得已,只好戰戰兢兢硬著頭皮敲門。「請進!」口氣仍如以往般從容優雅,剛才的

---

13 易明克,〈我所知道的王館長振鵠先生〉,《寸心銘感集:王振鵠教授的小故事》,頁 30。

> 風暴好似不曾發生過一樣；待公務處理完後，也仍如以往般客氣地說聲「辛苦了！」……原先心中惴惴不安的情緒，頓時消失得無影無蹤，一股溫馨的感覺油然而生；幾天後看到他與那位主管又恢復有說有笑，全無芥蒂。他能將每件事分開處理，就事論事，那種不遷怒、冷靜客觀的涵養，確實教人敬服。……人生在世，有「求為可尊」的，有「求為可親」的，二者不可得兼，以一個首長的角色而言，王館長「求為可尊」，顯然是相當成功的。

先生行所當行，為所當為，勤正廉潔，曾經在中央圖書館會計室服務的朱寶珠小姐回憶說：[14]

> 當一位公務機關的會計人員，只是一位機關的幕僚人員，對業務的推展雖沒什麼貢獻，但他必須拿捏得準，既要使機關的業務能順利推展，又要負起看緊政府荷包的責任。因此，最希望能遇上一位清廉、操守很好的機關首長，以減輕自己的財務責任。非常慶幸能遇上王館長這位長官。回想當初進入中央圖書館時，對

---

14 朱寶珠，〈記王館長二三事〉，《寸心銘感集：王振鵠教授的小故事》（臺北市：寸心銘感集編輯委員會，1994），頁 6-8。

第八章　提昇館務發展的重要因素

公務機關的會計工作較不熟悉（之前從事統計工作），能有一位如此一介不取的好長官，讓我印象極為深刻，也就因為他的清廉，使我們的會計工作能順利，沒有任何困擾。

我們也都知道做一位館長，工作是極為忙碌，該處理的事情非常之多，但他對於經費的使用（非零用金支付的款項）一定親自批准，極為負責。其中最令我讚歎的是身為首長的他，從沒有想過貪圖己利，常常想多省下一些公帑，多做些有意義的業務。而他也很注意館內任何一筆支出是否合法，似乎不想多浪費老百姓一毛錢，這也許是和他個人律己甚嚴，非常守法有關。猶記得有次在他辦公室，他無意間打開抽屜，我發現許多張發票（是他宴請國外圖書館學者專家的餐費），但他沒交給庶務人員辦理報銷，我一時心直口快地說：「館長！這可以在特別費報銷。」他竟說：「沒關係！我自己負擔就可以了。」聽了這話，我愣住了，讓我好感動，一位首長可以做到如此，是何等地不簡單，也使我對他更加敬重。

而中央圖書館新館得以完成，更可說是王館長的辛苦有了代價，他的功勞可謂最大，他經常到工地查看且嚴格地監督工程進度、品質，深

怕那裏被承包商疏忽。開工程協調會時，他更是非常認真聽取承包商及建築師的報告，那種專注與投入的精神，而所詢問的也都屬極為專業的問題，讓與會的人都非常欽佩他，承包工程的廠商代表私下曾多次向我提到，看到王館長的專注、負責、投入，他們根本不敢馬虎，他們也期盼建築工程能以最佳品質呈現在國人面前，以興建新館為榮。

先生在面對國家重大建設工程時固然臨深履薄，而在平日處理例行館務時，也同樣全心投入。曾經在中央圖書館主持參考服務多年的王錫璋先生回憶說：[15]

……通常我到圖書館辦公室後，離上班時間還有一個小時左右，我就利用這一小時的時間先到閱覽室巡巡書架，整整被讀者使用過而東倒西歪的圖書！……有一天，我正從矮書櫃旁邊站起來，眼前突然出現一個身影，我不禁嚇了一跳──定神一看，竟然是首長。沒想到首長這麼早就來了。他親切地向我點頭說早，然後詢問一些工作上的近況。其實，認識首長已近

---

[15] 王錫璋，〈早巡〉，《寸心銘感集：王振鵠教授的小故事》（臺北市：寸心銘感集編輯委員會，1994），頁 1-5。

第八章　提昇館務發展的重要因素

二十年了，從大學時就上過他的課；在他主持的圖書館工作也已十多年了，他依然是一貫地有著富有磁性而又條理分明的談吐，但寬和方正的面貌，卻自有一份嚴儀，因此即使有近二十年的師生之誼，我還是在親和中感到一點拘謹。我跟著他在我負責的這間閱覽室走上一圈，告訴他一些新書的狀況和最近讀者日益增多的情形，他一邊點頭，一邊也提示一些應該注意的事項。

以後，我就經常見到他早巡的身影。圖書館有九層樓一萬四千多建坪，他不一定每天走到我們這個區域，但有時我拿著讀者從其他閱覽室帶到我們這間閱讀室而忘記歸回原位的書籍，要放回其他樓層的閱覽室，也經常看到他在別的地方巡視，有時候踽踽獨行，有時候向清潔工人指點那些地方要加點勁地清潔。

在他早巡時，對讀者昨天留在桌上、掉在地上的碎紙細物，務必要清潔工人打掃乾淨。印象最深刻是，有天他又走到我們這間閱覽室，正跟我談話時，突然看到一張閱覽桌面上有一條原子筆刻劃過的痕跡，他就馬上要我去轉告清潔工人用去污粉擦掉。──「要給讀者一進館裡，就有一個舒適、乾淨的環境」他這樣說。

> ……然則,首長的早巡,也不全然只是清潔的問題,他也會瀏覽書架上的圖書,偶爾還經常自己在那邊查閱資料。
>
> ……首長在任的時候,總是念念以館務為重,有許多出國的機會,首長總是能推辭的就推辭,甚至於館裡辦的自強活動,首長也經常無暇參加。然而大多數人只看到他日常嚴謹從公的一面,比較少有人知道他連清晨也奉獻於館務的一面。……

先生儀表儼然,不怒自威,率團到國外參訪時,前一晚叮囑團員次日準時集合,第二天在集合時間之前多時即已全員到齊,沒有一人遲到。先生待人極周到,常站在他人的立場為他人著想,有時固不免在公務上處理人的問題時,會陷入抉擇的兩難,但是正因先生以「德」服人,而使頑廉懦立、風行草偃。

曾經在中央圖書館服務過的顧力仁先生回憶先生從不吝於對同仁付出肯定與鼓勵,他說:[16]

> 民國 73 年,我剛到職不久,在當時的「漢學研究資料暨服務中心」的聯絡組工作,參與「方

---

16 顧力仁,〈王振鵠教授八秩榮慶籌備小組訪談紀錄〉,2004,未刊。

第八章 提昇館務發展的重要因素

志學國際研討會」的籌辦工作,並且接受指派,撰寫了一篇「臺灣地區公藏方志的存藏留傳與利用之調查」,當時我既在圖書館上班、也在公餘兼課、孩子剛生下來不久,父親因年邁又住院,身兼多職,忙得有點透不過氣來。因為內子學歷史,所以這篇調查中有部分內容就請她來研究分析,也由兩人具名。這篇報告尚有參考價值,被列為會議參考文章,我太太也參加會議旁聽。我初次參與國際會議,是會議工作人員,心情不免臨深履薄。這次會議由王館長擔任大會主席,在閉幕式致詞時,他除了感謝與會的海內外學者外,也介紹我們幕後的工作人員和大家認識,最後還特別向與會的人介紹內子和我就是這篇「公藏方志利用調查」的作者,語多勉勵,讓我們倍感溫馨,由於館長的鼓勵,使得我們在過程中所有的辛苦都轉化為喜悅和安慰。……

根據顧力仁先生的觀察,先生有過人的體力和耐力,事實上,背後有一股豐沛不絕的力量一直在堅定不移地支持著他,顧力仁說:[17]

---

17 顧力仁,〈王振鵠教授八秩榮慶籌備小組訪談紀錄〉,未刊。

133

典範的時代和理想的人格——王振鵠館長與國立中央圖書館

民國 74 到 78 年，我在中央圖書館秘書室服務，當時王老師擔任館長，這段時期圖書館相繼有若干新舉措，包括新館啟用、召開第二次全國圖書館會議、舉行多次圖書館學及資訊科學國際研討會、推動全國圖書資訊書目及國際標準書號的服務，業務非常繁忙，加上新館落成不久，海內外各界慕名參訪的絡繹不絕，可說是諸事叢集。記得館長每天八點多就到館，經常在九點開館前已經在館內外巡閱一過，接著下來，就是他一天繁忙的行程，包括主持各種大大小小的會議、批閱公事、接待賓客、約談同仁……等，就算是這樣忙碌，但是不論任何時間從看不出他有絲毫的倦容，「耐的了煩」，這固然和王老師深厚的學養有關，但也由於他有一個堅定的信仰，而且賢能的師母讓他無後顧之憂，最重要是的他對於圖書館事業的堅持，把他當做一生奉獻的終身工作。

先生的一生祇作一件事，就是「圖書館」這一件事。先生在師範大學任館長時，有一位故交來訪，認為先生能在圖書館一待二十年實在不可思議，對先生說：「人的一生有幾個二十年，你真的很有耐力，難道不覺得這是一種生命的浪費嗎？」先生回說：「你所看到的是一本本雜

亂無章的書,我所看到的卻是豐富的大千世界,每本書都有其生命,我一天不接觸書便覺得枯燥乏味,這一生我所從事的是一份對人對己都有幫助的事業,我正樂在其中呢!」[18]

有人以「王館長時代」來形容那段先生領導中央圖書館的時間,[19] 從民國 66 年 4 月至 78 年 7 月,前後共計 12 年又 4 個月,在那段時間內,中央圖書館呈現出來的是積極、進取、堅毅、果敢、自在、成長、溫暖與信心,而這一切實源自於先生的犧牲奉獻、慷慨付出。

---

18 丁櫻樺,〈圖書館界的領航者——專訪王振鵠教授〉,原載《圖書與資訊學刊》,9(臺北市:1994),轉載於《寸心銘感集:王振鵠教授的小故事》,頁 129。

19 易明克,〈我所知道的王館長振鵠先生〉,《寸心銘感集:王振鵠教授的小故事》,頁 30。

第九章 勛獎與榮譽

第九章 勵獎與榮譽

　　先生在中央圖書館殫精竭慮、宵旰辛勞，在館務上屢創佳業，不僅提昇館務，並且振興臺灣圖書館，更揚譽國際，任內重要建樹包括：
一、完成中央圖書館新館遷建，規劃並輔導文化中心圖書館營運，落實政府文化建設政策。
二、推動圖書館自動化及圖書書目資訊網路服務，規劃全國資訊服務政策，提昇國民資訊素養。
三、創設「漢學研究資料暨服務中心」，獎助海外漢學人士來臺研究，振興漢學研究，增加國際學術交流。
四、倡立館際合作組織，推動館際合作與服務，促進國內資源共享。
五、籌辦國際學術會議，發表國內專業成果，加強學術交流與合作。
六、爭取國際標準書號地區代碼，推動標準書號及在版編目，加強書目控制並服務出版界。
七、辦理「全國圖書館會議」，凝聚專業共識，促成「圖書館事業研究委員會」的成立。

　　先生服務中央圖書館 12 年又 4 個月，因其精湛的領導以及卓越的佳績，屢獲國內、外各界頒授勳獎，分述如下：[1]

1　國立中央圖書館，《王振鵠先生：國立中央圖書館館長》（臺北市：國立中央圖書館，1986），頁 2-7。

一、總統頒贈行政院所屬機關 71 年保舉最優人員榮譽紀念章（民國 72 年）

由行政院院長孫運璿於 72 年 9 月 8 日頒贈，保舉事蹟為：

1. 維護善本古蹟，督導完成古籍十四萬冊攝印微捲，製成縮影片，有益古籍保管、交換及文化宣揚。
2. 推動遷建新館工程，推展自動化作業，主持研究完成自動化作業標準規範多種。

二、中國圖書館學會頒贈圖書館事業貢獻獎（民國 75 年）

中國圖書館學會於 75 年 12 月 7 日該會第 34 屆會員大會，頒贈「中樞玄覽，功在蘭臺」銀牌乙面，以表彰其負責完成國立中央圖書館新館的遷建，為我國圖書館事業立下另一新的里程碑。

三、羅馬教廷頒授聖思維爵士勛位勛章（民國 76 年）（圖 14）

教廷駐華代辦畢齊樂 76 年 3 月 19 日代表教宗若望保祿二世，頒贈「聖思維爵士」勛章，以表彰他身為天主教徒，在教育文化上的卓越表現。教廷授勛對象為各國元首、政府官員及教會人士在工作崗位上傑出表現者三種，王館長獲教宗勅封聖思維爵士即屬後者。

第九章 勳獎與榮譽

圖 14　民國 76 年 3 月 19 日羅馬教廷頒授聖思維爵士勳獎

四、美國華人圖書館協會頒贈 1987 年傑出服務獎（民國 76 年）

先生 76 年 6 月 23 日，赴美出席全美華人圖書館員協會年會暨美國圖書館協會 106 屆年會，並於會中接受 1987 年「傑出服務獎」。先生因促進中美文化交流、完成中央圖書館遷建、推動漢學研究發展以及國內中文圖書自動化等貢獻而受頒此獎。獎詞全文為：

　　王振鵠教授，民國十三年（1924）生，河北省
　　濮陽縣人。民國三十七年（1948）畢業於中國

大學中文系；民國四十八年（1959）於美國范德比大學（Vanderbilt University）畢保德教育學院（George Peabody College）獲圖書館學碩士學位。長久以來，王教授在中國圖書館事業中擔任教育、行政、領導組織及學術研究等不同的職務與角色。

教 育
王教授曾任國立臺灣師範大學講師、副教授及教授。在此期間，極力推動社會教育系圖書館組的發展。除擔任該組教授、社會教育系系主任外，民國五十九年（1970）至六十六年（1977）間接掌國立臺灣師範大學圖書館館長。並先後擔任國立臺灣大學、私立輔仁大學、文化大學史學研究所等校的兼任教授。

行 政
王教授現任國立中央圖書館館長，兼漢學研究中心主任。在中央圖書館新館遷建計劃中，他以遷建工作小組召集人的身份，舉凡新館用地的評估取得、設計規劃、招標興工等每一環節無不悉心投入。王教授自民國六十一年（1972）起即擔任考試院典試委員。七十年（1981）起

第九章　勛獎與榮譽

擔任行政院文化建設委員會語文圖書委員會委員兼召集人。同年，發起設立全國「人文及社會科學圖書館館際合作組織」，並於民國七十六年（1987）獲羅馬教廷頒贈聖思維爵士勳章，同年獲行政院頒發功績獎章。

組織領導

王教授自民國五十一年（1962）起出任中國圖書館學會委員及圖書館自動化作業規劃委員會召集人。美國資訊科學學會臺北分會成立後，又被推選為第三屆會長（1973～74）。在他的主持下，中央圖書館舉辦多次國際性研討會，其中重要者包括第一、二屆圖書館事業合作發展研討會（民國六十九年，1980及民國七十五年，1986），第一屆亞太地區圖書館學研討會（民國七十二年，1983），方志學國際研討會（民國七十四年，1985），敦煌學國際研討會（民國七十五年，1986）以及明代戲曲小說研討會（民國七十六年，1987）等。此外，更於民國七十年（1981）率領文化建設圖書館訪問團訪問韓國、日本圖書館；民國七十四年（1985）率團參加漢城亞太理事會圖書館學研討會，對於文化合作交流貢獻良多。

143

學術研究

王教授極力提昇圖書館學學術研究,他曾任《圖書館學與資訊科學》(Journal of Library and Information Science)刊物主編,也是《圖書館學》(Library Science)一書主編(1974)。他的著作包括《圖書館學論叢》、《圖書館選擇法》等書,以及有關圖書資訊學為主題的各類論述百餘篇。

五、行政院頒授三等功績獎章(民國76年)

由教育部毛高文部長於76年11月9日在教育部轉頒,以表揚先生在學術研究上之卓越貢獻。

據行政院人事行政局《政風獎懲通報》所述先生優良事蹟包括:遷建新館、改進管理、推展社教、發揚文化,通報內稱:

> ……王館長獻身圖書館事業歷30年,主持國家圖書館逾10年。策劃督導中央圖書館新館遷建,自請撥土地,規劃設計,乃至興工,前後8年,經緯萬端,困難重重,均能一一克服。新館自75年9月啟用以來,咸認設計新穎、施工縝密、設備完善、服務優良、兼顧國家圖書

文物保存,及提供圖書閱覽之需要。不但落實文化建設,提昇社教功能,抑且揚譽國際,有助文化交流。此外,為配合國家資訊政策,自民國70年起推動圖書館自動化作業,經多年努力,已規劃建立國家圖書資訊體系及各項書目資料檔;對漢學研究之宏揚尤力,經由漢學資料之蒐集、出版品之編印及國內外學術界之連繫,促使學術界對漢學之研究,及增進國際間對漢學之瞭解重視。

王館長多年從事圖書館教育,造就無數年輕圖書館員。本身亦致力研究,計發表專書六種,學術論文150篇,國際學術評價至佳。為增進國際文化交流,先後舉辦多項國際性研討會,拓展圖書館事業之合作發展,並提昇漢學研究的風氣。其成就先後獲中國圖書館學會及全美華人圖書館員協會,分別在民國75年及76年頒獎以誌懋績。梵蒂岡亦頒贈聖思維爵士。王館長於民國71年榮獲行政院頒發全國公教人員績優獎章,今年9月又以督導遷建新館、推動圖書館自動化,妥善保存歷代珍籍及策辦漢學研究中心榮獲行政院頒發功績獎章,實至名歸,實為公務人員典範。

六、美國俄亥俄大學頒授名譽法學博士學位（民國77年）（圖15）

先生於77年6月10日在美國俄亥俄大學（Ohio University）畢業典禮中，接受頒贈榮譽法學博士學位。該校為表彰先生獻身中國圖書館事業30年來的卓越領導，以及對國際文化交流合作所作的貢獻，特頒贈此榮譽學位。

俄亥俄大學的榮譽學位狀上對這項學位的頒贈作了如下的說明：

圖15　民國77年6月10日俄亥俄大學頒發榮譽法學博士學位，先生暨夫人與校長 Dr. Charles J. Ping 夫婦合影

第九章 勛獎與榮譽

1. 王館長在中華民國圖書館界是卓越的領導者及教育家,帶動中國圖書館服務邁向現代化;
2. 長期獻身於國立中央圖書館的領導,提昇該館地位,使之成為國際間重要的中國研究中心之一;
3. 身為國際圖書館合作的先導,致力國際文化交流厥功至偉。

美國俄亥俄大學圖書館館長李華偉博士於民國 40 年在師範大學就讀時,就已初識先生,他在〈我所認識的王振鵠教授〉一文中縷述與先生論交的過程,並說:[2]

> 1987 年美國華人圖書館協會頒贈給王教授當年的傑出服務獎時,我正好擔任該會評獎小組的召集人。我記得當年有很多人提名王教授為候選人,其中包括美華圖書館員中鼎鼎大名的陳欽智博士及前國立中央圖書館館長李志鍾博士。……在他(即王振鵠館長)十二年的任期間,政績卓著,尤其是在完成中央圖書館新館籌建,推動全國圖書館自動化的作業,建立全國書目資訊系統,創設「漢學研究中心」,維護善本古籍,倡導服務風氣,舉辦國際會議,加強國際合作,及提高館員素質等方面,有著

---
[2] 李華偉,〈我所認識的王振鵠教授〉,《當代圖書館事業論集:慶祝王振鵠教授七秩榮慶論文集》(臺北市:正中書局,1994),頁 3-7。

不可磨滅的功績。這些顯著的成就，沒有他的睿智，卓越的能力，過人的毅力，和對圖書館事業的熱愛，是無法達成的。……從他待人誠懇，忠於職責，勤儉力行的風範中看到了臺灣圖書館事業的欣欣向榮。在國外的一些國際會議中，我也常為他的僕僕風塵，為國效力的精神所感動。王教授有一個極為美滿的家庭，他的夫人極為賢淑，在王教授的事業上是一位典型的賢內助。

輔仁大學圖書資訊學系教授兼文學院院長盧荷生先生與先生相交半世紀，他曾論及先生對臺灣圖書館事業的貢獻，說：[3]

王振鵠教授對於臺灣圖書館事業，扮演關鍵角色，帶領著臺灣圖書館界，向前邁出艱困但穩定的步伐；他的貢獻，是從理論而實務、從傳統而現代、從都市而鄉鎮、從臺灣而國際、從專家而通才、從教育而文化，帶領著大家前進，極其廣闊，何等深厚！……尤其重要的，是他在圖書館學術上的輝煌成就，在領導作風上的穩健堅毅，在行事作為上的執善無私，加上他特有的誠懇、包容、和善等諸多美德，都是眾所欽敬、可望而不可及的。

---

3 盧荷生，〈王振鵠館長與臺灣圖書館事業：恭賀　振鵠先生八十嵩壽〉，頁 1-7。

第十章　總結

第十章 總結

第一節　先生任國立中央圖書館館長治績

　　民國六十至七十年代間，先生任中央圖書館館長。當時，在國內方面，政府退出聯合國，蔣中正總統逝世，蔣經國先生任行政院院長，又接任總統，相繼推動十大建設及十二項建設，在這一段時間內，經濟逐漸起飛，民主意識覺醒，社會邁向開放，兩岸醞釀相通，臺灣經歷了前所未有的變動；此外，在國際方面，第一次石油危機發生，全球經濟不景氣，第三波民主化浪潮產生，國際外交進入後冷戰時期，美國等友邦相繼與大陸建交，臺灣日益孤立。在圖書資訊專業方面，（西元）70 至 80 年代（1970 至 1990 年）是一個從手工業邁入自動化的分水嶺階段。受到計算機革命的影響，美國圖書館率先在 60 年代末期開始量產機讀目錄（Machine-Readable Catalogue, MARC）磁帶，在 70 年代的中期，國際圖書館協會聯合會（International Federal of Library Association, IFLA）制定了《國際機讀目錄格式》（UNIMARC），正式宣告全球圖書館進入一個嶄新的自動化時代。

　　先生擔任國家圖書館館長這個舉足輕重的位置時，就時間來說，是一個內外變動都非常劇烈的時候，舊的制度及精神在逐步崩解，新的秩序及文明還沒有建立完整，不論在各方面都充滿了許多不可預知的變數；就空間而言，臺灣的本質也面臨了一個前所未有的蛻變，從原來在中

原和邊陲兩種文化類型的搖擺不定中,逐漸醞育出一個新的主體,這個主體既不依附於大陸文明,也不抱殘守闕地封閉自我,它將長久以來所吸納來的各種文化精粹加以融會,並且大膽地表達出來。

民國 64 年到 75 年,橫亙在所謂的六十至七十年代(60 年至 79 年,即 1970 至 1989 年間)中間,先生在中央圖書館展佈新局,屢有建樹,其貢獻依時序先後約略而言,包括以下各要項:

民國 67 年(先生 54 歲),組織中國圖書分類法編訂委員會及工作小組,進行分類法修訂工作,預為圖書館自動化作先期準備。著手規劃中央圖書館館舍遷建事宜,69 年成立遷建委員會,75 年新館落成啟用。

民國 69 年(先生 56 歲),成立「圖書館自動化作業規劃委員會」。自本年起,先後籌辦國際會議九次,聯絡國際圖書館界,並振興本地區圖書館專業。

民國 70 年(先生 57 歲),成立「漢學研究資料暨服務中心」,兼任中心主任,推動並獎助漢學研究。創立「中華民國人文社會科學圖書館合作組織」。爭取「國際標準書號地區代碼」,77 年籌設「中華民國國際標準書號中心」。出版「中華民國圖書館年鑑」。

民國 71 年(先生 58 歲),兼任文化建設委員會委員

第十章 總結

及語文圖書委員會召集人，參與縣市文化中心工作要領的訂定，繼而輔導訪視評鑑各縣市文化中心。

民國 72 年（先生 59 歲），籌設「資訊圖書館」，隸屬中央圖書館，服務資訊界。推動館內自動化作業。

民國 75 年（先生 62 歲），新館正式啟用。

民國 76 年（先生 63 歲），召開「圖書館合作編目建檔會議」，商討合作編目事宜。舉辦「中華民國臺北第一屆國際書展」。

以上所舉各項工作都具有兩個特色，第一是每一項工作都延續了很長的時間，舉遷建新館為例，從民國 67 年起著手規劃，勘察建築用地，直到民國 75 年落成啟用，其間長達 8 年，歷經徵地、設計、施工以及搬遷等階段；第二是這些工作都不是不相連屬，各自獨立的計劃，而是彼此間脈絡貫串、互有關係，舉自動化作業為例，修訂分類法固然是自動化的先導作業，其他如國際標準書號以及預行編目的實施也都是自動化整合作業中的一環，而合作編目、分享資源更是圖書館自動化的最終目標；此外，推動圖書館自動化絕不能單打獨鬥，一定要和館外合作，除了尋求奧援以外，還寓有日後推廣實施的效益。以上任何一項工作都不是一件容易作的事情，然而，它們在先生 12 年的任期內都逐一完成，或是為日後的全面推動奠定了良好的基礎（如合作編目）。

第二節　先生出任及卸任館長時館務比較

　　民國 66 年，先生接任中央圖書館館長。當時館舍偏處臺北市南海學園一隅，面積不足三千坪，頗影響日後發展。額內人員僅 96 名，以經費不足，未達法定編制。全館年度預算約為 100 萬左右，[1] 已顯不足，又需支應臨時人員待遇，更是捉襟見肘。中文館藏雖有圖書呈繳制度作為保障，但國內出版界依法送繳有限，呈繳率祇有百分之五十左右，全館藏書不過 50 餘萬冊（527,120 冊／件），西文資料更嚴重不足，全年閱覽總量為 213,894 人次。凡此，一方面顯示內部資源嚴重不足，實難勝任作為一個理想的國家圖書館；另一方面也說明當時政府財政猶甚艱困，面對起步中的經濟發展以及維持龐大的國防預算，並沒有餘力來照顧文教所需；而社會也仍然停滯在保守傳統的觀念，並沒有體會到圖書館可以作為社會生產力及國家競爭力的利器，而僅僅將其視為攜帶教科書溫習功課的場所。先生就是在這樣一個內外條件均明顯不足的情況下承接國家圖書館館長的重擔。

　　民國 78 年，先生卸任時，中央圖書館已由南海路遷

---

[1] 根據《臺灣地區圖書館事業現況》調查，民國 68 年中央圖書館年度預算為 128,057,020 元，據此推算。見國立中央圖書館編，《臺灣地區圖書館事業現況：中華民國圖書館年鑑調查錄》（臺北市：國立中央圖書館，1980），頁 1。

第十章 總結

到中山南路新址,地處中央機關精華區,面對中正紀念堂,視野遼闊,新廈地上七層,地下二層,樓板總面積一萬二千坪,可容三千個閱覽席位,另附有文教區,包括國際會議廳、演講廳及展覽區。珍善本圖書集中保管,防盜防火、恆溫恆溼,設備俱全。78年年度預算為229,850,000元,全館額內外總人數達167人,館藏為1,004,823冊／件,全年閱覽總量為587,433人次。[2] 先生在任的12年間,中央圖書館預算增加一倍、人員約多了三分之一、館藏則增加了一倍,而閱覽總量更增加了一倍半多。

在先生的領導下,歷經八年艱辛興建的新館於民國75年落成啟用,蔣經國總統特頒青花盤龍球瓶一對祝賀,行政院俞國華院長書面題詞稱:「……茲值社會嬗遞、知識擴增之時代,圖書館尤負有宏揚民族文化、推展社會教育、傳佈知識資訊之責任。十二項重要建設推行之後,各地縣市文化中心相繼落成,國立中央圖書館新館亦告啟用,將共同為國人繼承文化傳統,貫通世界文明而奉獻。……」[3] 開館前後,各界對中央圖書館紛紛提出許多期許和策勉,不僅中央圖書館受益良多,也連帶提昇了圖書館在社會的地位及評價,僅擇若干為例:

---

2 以上大部分統計數字承國家圖書館提供。
3 俞國華,〈題詞〉,《國立中央圖書館遷館紀念特刊》(臺北市:國立中央圖書館,1986),頁3。

「圖書館事業，無疑是帶動文化建設的火車頭，而國立中央圖書館，則是最大的火車頭。」[4]
「中央圖書館作為代表國家的圖書館，正如中央銀行之為『銀行的銀行』，不僅本身工作要為全國各級圖書館的表率，而且要能帶動所有圖書館和各縣市文化中心的進步。」[5]

圖書館不受重視久矣，從一向是寥落的話題陡然升高成一股巨大的聲浪，而且之後未見停歇，持續成為政府教育施政要點和國人重視所在，實與先生致力於中央圖書館的建設乃至於全國圖書資訊的經營有密切的關係。

第三節 國家圖書館館長的角色

張鼎鍾先生曾以 1928 年至 1966 年間的國立中央圖書館為例，歸納出影響一所國家圖書館在發展過程中的若干重要因素，包括：[6]

---

4 劉兆祐，〈現代文化的火車頭――國家圖書館的任務〉，收入《中國時報》，1986 年 9 月 28 日，8 版。

5 〈賀中央圖書館新館落成〉，收入《中央日報》，1986 年 9 月 27 日，2 版社論。

6 Margaret C. Fung, The Evolving Social Mission of the National Central Library in China 1928-1966, Taipei: National Institute for Compilation and Translation, 1994, pp. 197, 205, 220. 轉引自徐金芬，〈從國家圖書館的功能探討我國國立中央圖書館應有的任務與角色〉，國立臺灣大學圖書館學研究所博士班博士論文計畫書，1995b，頁 25。

第十章 總結

一、政治因素和上漲的國家意識，
二、文化與社會的環境，
三、經濟情況，
四、技術的衝擊，
五、個人的貢獻。

以上一至四項都操之在外在的環境，祇有第五項才是掌握在自己，而此處所謂的「個人」，也就是國家圖書館的館長。

在先生之前，國立中央圖書館歷經五任館長，分別是蔣復璁、屈萬里、鮑幼玉、李志鍾以及諸家駿諸先生。蔣復璁館長自籌備創館至辭卸館職，前後33年，任內推動呈繳制度、出版品國際交換業務，又洽印四庫全書、搜購善本古籍，在戰亂中一再遷館，守護館藏，恪盡圖書館傳佈文化、服務社會的職守。屈萬里館長任內爭取經費，充實館藏漢學書刊，編印各類目錄，拍攝善本微捲。包遵彭館長成立國家目錄中心，創編《中華民國期刊論文索引》，選印善本圖書。鮑幼玉先生短期代理館長，約有半年。李志鍾館長推動中文印刷目錄卡片，設置國家聯全目錄，舉辦圖書館學研究班，成立法律室。諸家駿館長舉辦第一次亞洲圖書館合作會議，訪視各縣市圖書館。先生為中央圖書館第六任館長，在館服務約12年又4個月，任內對中央圖書館乃至全國圖書館事業的發展，甚具影響，分述如下：

一、在有形的圖書館建設方面

(一) 遷建新館,設計新穎,施工縝密,服務績優,甚獲輿論及社會肯定,不但是文化建設的一大成果,也作為其他圖書館興建館舍、規劃服務的典範。

(二) 規劃各縣市文化中心圖書館營運,並持續推動,參與訪視評鑑,有助於圖書館的全面發展。

(三) 推動圖書館自動作業,啟動書目資訊網路,產生諸多效益,包括改變作業觀念,倡導合作協調,建立國家書目,推廣國際使用以及強化資訊服務等。

(四) 推動漢學研究及古籍整理,成立漢學研究資料暨服務中心,整合資源,提供訊息服務,協助學術研究,並獎助海外漢學研究。

(五) 加強國內合作與國際交流,成立「人文社會科學圖書館合作組織」,推動合作編目作業,研訂〈圖書館法〉,凝聚共識,並服務圖書館界,舉辦國內及國際專業會議,廣為推介臺灣圖書館。

二、在無形的典範塑造方面

(一) 重視內部的團結合作,先生尊賢友朋,愛護同仁,無論在館內,在臺灣圖書館界及資訊界,在國際圖書館界,都展現協和容眾、廓然無私的胸襟,樹立「以服務代替領導」的典範。

(二) 廉潔自持，全心投入工作，先生以「一生作圖書館這件事」為務，心無旁騖，致力於建設臺灣圖書館的榮景，面臨重大館舍工程，雖遇脅迫利誘，始終堅持理想，不為外力左右。

有形的建設需要智慧、體魄和過人的毅力，尚非常人所能及，而無形的典範更源自於精湛的學養、堅定的信念和不中斷的堅持。此兩者，先生兼而有之，才能屢創佳業，揚譽國際。

第四節 國家圖書館的服務

民國 78 年 7 月先生卸任中央圖書館館長前夕，以他服務 12 年餘的經驗與心得，寫出他對國家圖書館服務的體會，轉錄如下：[7]（圖 16）

> 國家圖書館為一國文化水準之表徵，其主要任務在發揚舊學，涵養新知，一方面保存舊文化，一方面開拓新境界，具有繫文化命脈，觀時代興衰之功能。

---

7 王振鵠，〈摘《國立中央圖書館遷館紀念特刊》中文教界先進策勵期勉要旨與同仁共勉〉夾頁，收入《王振鵠先生：國立中央圖書館館長，中華民國六十六年四月至七十八年七月》（臺北市：國立中央圖書館，1989）。

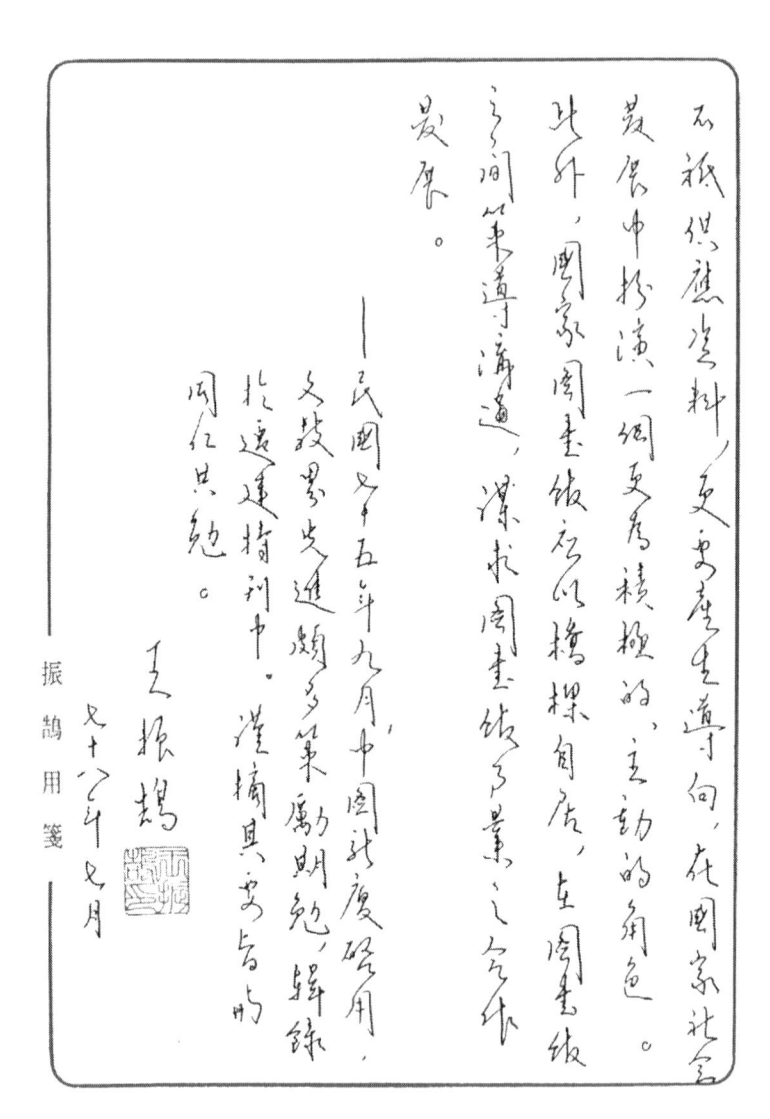

圖16　先生摘《國立中央圖書館遷館紀念特刊》
　　　　中文教先進策勵期勉要旨與同仁共勉

第十章 總結

國家圖書館為一國文化水準之表徵，其主要任務乃發揚舊學溝通新知。一方面保存舊有文化，一方面開拓新境界，其有繫乎民族文化之命脈，觀時代興衰之功能。舍代在館藏發展上，應立足本土放眼世界，不僅要質精量豐，更應提供服務之便利，不同紅專風「熱誠」，作為吾等的守則，並以宗教家的愛心和耐性，為民服務。更以慶祝政府遷臺四十年代，積極設法將本身擁有的能量，化為「動力」，向外輸出，以滿足資訊社會更高的需求。

　　　　　　　　　　　　國家圖書館
振鵠用箋

（來源：國立中央圖書館，《王振鵠先生：國立中央圖書館館長，中華民國六十六年四月至七十八年七月》，1989。）

> 今後在館藏發展上，應立足本土、放眼世界。不僅要質精量豐，更應謀服務之便利。工作同仁要以「熱誠」作為重要的守則，並以宗教家的愛心和耐性為大眾服務。尤以處於資訊時代，應設法將本身擁有的「能量」化為「電力」，向外輸出，以滿足資訊社會更高的需求。
>
> 國家圖書館不祇供應資料，更要產生導向，在國家社會發展中扮演一個更為積極的、主動的角色。此外，國家圖書館應以橋樑自居，在圖書館之間策導溝通，謀求圖書館事業之合作發展。

在這300字之中，先生將國家圖書館的本質，任務及角色縷述詳盡。「國家圖書館為一國文化水準之表徵，具有繫文化命脈，觀時代興衰之功能」，所以其任誠重，其道也遠，需要開闊的胸襟肩負此重任、邁向此遠道。「發揚舊學，保存舊文化」與「涵養新知，開拓新境界」兩者同等的重要，既不能薄今，同時也要愛古，這就是朱熹所講的「舊學商量加邃密，新知涵養轉深沈。」

國家圖書館的館藏要兼及中外、質精量豐，當以保存文化為目標，成為國際觀瞻之所在。館藏不僅重其完備，並且要進一步提供便利的服務，而提供服務的工作人員自

第十章 總結

必要「以『熱誠』作為重要的守則」，並具有「宗教家的愛心和耐性」。

　　值此資訊社會，國家圖書館所擁有的是國家的資源、社會的能量，要謀求各樣方式及管道，向外界輸出，以增加社會的生產力與國家的競爭力。

　　國家圖書館在該國家地區所扮演的是領導、輔導以及服務的角色，這遠比龐大的館藏、服務的數量更為重要，「產生導向，在圖書館之間策導溝通，謀求圖書館事業之合作發展」是它極其重要而又相當困難的要務，要勝任此一要務，必需「以橋樑自居」，橋樑要堅實耐久、也要涵容多方，以行遠荷重。

　　國家圖書館責任深重，其治理千頭萬緒，殊非易事。先生這段話鎔鑄其十數年歲月的經歷，從大方向指出國家圖書館的使命及任務，極具精要而又盡其周全。

　　先生從中央圖書館卸任至今已有 25 年，任內有形的建設為中央圖書館鋪平了一條康莊大道，中央圖書館日後的發展以及許多重要的業務仍然在先生所建立的堅實基礎之上向前推動，而先生無形的典範更常駐在許多館內同仁以及國內外圖書館從業人員的心中。先生論著中許多精闢的見解不斷被閱讀、吸收及引用，先生的治事也持續影響許多圖書館領導及同仁的作為，先生的勤正廉潔更潛移默化地根植在服膺他理念的專業人員心中。

典範的時代和理想的人格——王振鵠館長與國立中央圖書館

　　王振鵠館長與國立中央圖書館記述著一個典範的時代，一個理想的人格，一個值得深思、體會並發揚的精神。

參考文獻

(一) 專著

寸心銘感集編輯委員會編,《寸心銘感集：王振鵠教授的小故事》,臺北市：寸心銘感集編輯委員會,1994。

中國圖書館學會出版委員會編,《圖書館學》,臺北市：臺灣學生書局,1974。

王振鵠,《圖書選擇法》,臺北市：臺灣師範大學圖書館,1972。

王振鵠,《當前文化建設中圖書館的規劃與設置之研究》,臺北市：國家建設研究委員會,1981。

王振鵠,《建立圖書館管理制度之研究》,臺北市：行政研究發展考核委員會,1983。

王振鵠,《圖書館學論叢》,臺北市：臺灣學生書局,1984。

王振鵠,《文化中心十年》,臺北市：文化建設委員會,1991。

王振鵠,《書緣：圖書館生涯五十年》,臺北市：王振鵠教授八秩榮慶籌備小組,2004。

王振鵠主持研究,中華民國國際標準書號研究小組編撰,《國際標準書號實施及推廣工作研究報告》,臺北市：中央圖書館,1989。

王振鵠教授七秩榮慶祝壽論文集編輯小組編著,《當代圖書館事業論集：慶祝王振鵠教授七秩榮慶論文集》,臺北市：正中書局,1994。

國立中央圖書館,《臺灣地區圖書館事業現況：中華民國圖書館年鑑調查錄》,臺北市：國立中央圖書館,1980。

國立中央圖書館,《國立中央圖書館概況：邀您共享一席豐碩的知識盛宴》,臺北市：國立中央圖書館,1988。

國立中央圖書館,《王振鵠先生：國立中央圖書館館長,中華民國六十六年四月至七十八年七月》,臺北市：國立中央圖書館,1989。

國家圖書館,《國家圖書館七十年記事》,臺北市：國家圖書館,2003。

(二)論文

〈賀中央圖書館新館落成〉,《中央日報》,1986年9月27日,2版社論。

丁櫻樺,〈圖書館界的領航者——專訪王振鵠教授〉,原載《圖書與資訊學刊》,9(臺北市：1994)。轉載於《寸心銘感集：王振鵠教授的小故事》,頁121-130。

中央圖書館遷建工作小組,〈遷建新館籌劃作業紀要〉,《國立中央圖書館館刊》,16:1(臺北市：1983),頁25-39。

中國圖書館學會,〈中華民國圖書館日韓訪問團報告〉,《中國圖書館學會會報》,33(臺北市：1981),頁108-114。

參考文獻

王汎森,〈漢學研究中心的貢獻及面臨的危機〉,《國文天地》,26:5（臺北市：2010）,頁 29-31。

王振鵠,〈美國圖書館合作制度之研究〉,國科會研究論文,1967。

王振鵠,〈美國圖書館之合作採訪制度〉,《圖書選擇法》（臺北市：師範大學圖書館,1972a）,頁 114。

王振鵠,〈論全面發展圖書館事業之途徑〉,《教育資料科學月刊》,4:4（臺北縣：1972b）,頁 2-3。

王振鵠,〈美國書目管制工作之研究〉,國科會研究論文,1974。

王振鵠,〈「出版品編目」計畫及「國際標準書號」制度——圖書館界與出版界合作進行的兩件事〉,《出版之友》,6（臺北市：1978）,頁 16-17。

王振鵠,〈圖際圖書館協會聯合會第四十五屆年會紀要〉,《國立中央圖書館館刊》,12:2（臺北市：1979）,頁 55-61。

王振鵠,〈亞太地區第一屆圖書館學研討會紀要——中華民國七十二年三月十四日至十九日〉,《圖書館學與資訊科學》,9:1（臺北市：1983）,頁 94-106。

王振鵠,〈三十年後的圖書館〉,《圖書館學論叢》（臺北市：臺灣學生書局,1984a）,頁 58-59。

王振鵠,〈美國圖書館之目錄合作制度〉,《圖書館學論叢》（臺北市：臺灣學生書局,1984b）,頁 403-430。

王振鵠，〈我們的責任及未來發展的方向〉，《國立中央圖書館館訊》，9:4（臺北市：1987），頁 2-5。

王振鵠，〈我國資訊服務政策初探〉，《國立中央圖書館館刊》，21:2（臺北市：1988），頁 101-112。

王振鵠，〈文化中心之設置與檢討〉，《沈寶環教授七秩榮慶祝賀論文集》（臺北市：臺灣學生書局，1989a），頁 58-65。

王振鵠，〈國立中央圖書館自動化作業現況〉，《圖書館自動化專題研習會綱要》（臺北市：國立臺灣大學，1989b），頁 338-349。

王振鵠，〈文獻處理標準化問題〉，《中國圖書館學會會務通訊》，77（臺北市：1990），頁 17-23。

王振鵠，〈圖書館法與圖書館事業之發展〉，《中華民國圖書館年鑑》（臺北市：國家圖書館，2002），頁 25-34。

王振鵠，〈〈圖書館法〉的制定〉，《中華民國圖書館學會六十周年特刊》（臺北市：中華民國圖書館學會，2013a），頁 3-10。

王振鵠，〈古籍蒐藏與整理〉，《國家圖書館館訊》，102:3（臺北市：2013b），頁 23-27。

王錫璋，〈早巡〉，《寸心銘感集：王振鵠教授的小故事》（臺北市：寸心銘感集編輯委員會，1994），頁 1-5。

參考文獻

朱寶珠,〈記王館長二三事〉,《寸心銘感集:王振鵠教授的小故事》(臺北市:寸心銘感集編輯委員會,1994),頁 6-8。

沈寶環,〈我們為什麼提倡館際合作?〉,《圖書館學與圖書館事業》(臺北市:臺灣學生書局,1988),頁 101-110。

易明克,〈我所知道的王館長振鵠先生〉,《寸心銘感集:王振鵠教授的小故事》(臺北市:寸心銘感集編輯委員會,1994),頁 30。

俞國華,〈題詞〉,《國立中央圖書館遷館紀念特刊》(臺北市:國立中央圖書館,1986),頁 3。

倪波,〈振鵠論〉,《圖書與情報》,4(甘肅省:1994),頁 33-38。

徐金芬,〈國家圖書館書目服務的功能初探〉,《書苑》,24(臺中市:1995a),頁 67-85。

徐金芬,〈從國家圖書館的功能探討我國國立中央圖書館應有的任務與角色〉,國立臺灣大學圖書館學研究所博士班博士論文計畫書,1995b。

耿立群,〈《漢學研究》二十五年來的回顧與展望〉,《漢學研究通訊》,27:1(臺北市:2008),頁 25-31。

171

國立中央圖書館,〈國立中央圖書館遷建計劃書〉,《圖書館學與資訊科學》,4:1(臺北市:1978),頁25-39。

國立中央圖書館館訊編輯部,〈圖書館自動化與資訊網研討會〉,《國立中央圖書館館訊》,10:3(臺北市:1988),頁16-22。

國立中央圖書館館訊編輯部,〈全國圖書館會議綜合報導〉,《國立中央圖書館館訊》,11:2(臺北市:1989),頁1-5。

張錦郎,〈善教者使人繼其志〉,《寸心銘感集:王振鵠教授的小故事》(臺北市:寸心銘感集編輯委員會,1994),頁44-49。

莊健國,〈穩定中成長的「中華民國人文社會科學圖書館合作組織」〉,《臺北市立圖書館館訊》,5:2(臺北市:1987),頁41-45。

陳珏,〈臺灣和海外漢學發展的「競」與「合」:漢學研究中心與歐美、東亞其他漢學機構的比較〉,《國文天地》,26:5(臺北市:2010),頁23-28。

喬衍琯,〈四十五年前的開架式〉,《寸心銘感集:王振鵠教授的小故事》(臺北市:寸心銘感集編輯委員會,1994),頁52-53。

參考文獻

雷叔雲，〈謙抑應世協和容眾：館長王振鵠教授〉，《國立中央圖書館館訊》，9:1（臺北市：1986），頁 12-14。

劉兆祐，〈現代文化的火車頭──國家圖書館的任務〉，《中國時報》，1986 年 9 月 28 日，8 版。

劉兆祐，〈漢學研究中心出版品之學術價值〉，《國文天地》，26:5（臺北市：2010），頁 16-18。

鄭恆雄，〈我國國家書目資料庫之建立與發展〉，《當代圖書館事業論集：慶祝王振鵠教授七秩榮慶論文集》（臺北市：正中書局，1994），頁 493-506。

盧荷生，〈王振鵠館長與臺灣圖書館事業：恭賀 振鵠先生八十嵩壽〉，《國家圖書館館刊》，93:1（臺北市：2004），頁 1-7。

薛吉雄，〈望之儼然即之也溫〉，《寸心銘感集：王振鵠教授的小故事》（臺北市：寸心銘感集編輯委員會，1994），頁 88-93。

顧力仁，〈合作啟新頁，資訊謀共享：資訊圖書館啟用綜合報導〉，《國立中央圖書館館訊》，10:4（臺北市：1988），頁 1-3。

(三) 其他

王振鵠,〈摘《國立中央圖書館遷館紀念特刊》中文教界先進策勵期勉要旨與同仁共勉〉夾頁,國立中央圖書館,《王振鵠先生:國立中央圖書館館長,中華民國六十六年四月至七十八年七月》,臺北市:國立中央圖書館,1989。

漢學研究中心編,〈簡介摺頁〉,臺北市,漢學研究中心。

附録

附錄一：
王教授振鵠先生論著述要及其學術思想

永遠秉持誠與恆的信念：
王教授振鵠先生論著述要及其學術思想

The Brief Introduction of Professor Wang Chen-ku's Writings and Scholarly Thoughts on Librarianship

顧力仁

摘　要

　　從民國 44 年到 91 年，王振鵠教授的著作共有專著 37 種，單篇文章 358 篇，根據一項就 1974 到 1993 年這二十年臺灣地區圖書館學與資訊科學期刊論文引用參考文獻的研究分析，王振鵠教授是「被引用次數量最多的國內著者」。本文將先生 50 年來的研究成果，歸納為五項：圖書館及圖書館學的內涵、圖書館與國家政策的關係、圖書館資訊建設、圖書館行政管理、圖書館合作，並分別述其要旨。從先生的研究中可以瞭解到他對圖書館事業所秉持的信念在於：置身資訊時代，圖書館不但要堅持其基本價值觀，同時也要在經營及觀念上隨著外在環境的需要隨時調整，才能永續經營；對於圖書資訊的本身以及使用者的需要要一體重視，不可偏廢；圖書館在服務上，當以讀者為經營之首要，要以熱誠、愛心以及耐心善盡圖書館服務人群的角色。

典範的時代和理想的人格──王振鵠館長與國立中央圖書館

Abstract

Professor Chen-ku Wang devoted to the librarianship on Taiwan more than fifty years. He is the most effectively scholar to the librarianship in Taiwan. This paper generalized Professor Wang Chen-ku's writings on librarianship into five parts such as the essence of library science, the construction of libraries and the national policy, the relationship of library and information services, library management, inter-library cooperation. There are three characteristics of professor Wang's scholarly thoughts on librarianship. First, Libraries has to insist on its fundamental values to provide services in the information age. Second, Libraries has to emphasize on both the collections of the library and the needs of patrons. Third, Patrons is the most important of all in library services.

關鍵字（Keywords）：王振鵠（Chen-ku Wang）；圖書館事業（Librarianship）；學術思想（Scholarly Thought）

一、被引用次數最多的圖書館學者

民國 83 年鄭麗敏分析國內從 1974 到 1993 年這二十年來有關圖書館學與資訊科學研究的特質及其學術性。她所得到的結果產生出「近二十年來臺灣地區圖書館學與資訊科學期刊論文引用參考文獻」的排行榜，其中顯示「被引用次數量最多的國內著者是王振鵠」，而「被引用次數最多的中文個人著作分別是《圖書館經營法》（藍乾章撰）及《圖書館學論叢》（王振鵠撰）」。[1]

先生在學術研究的成就斐然，著作等身。美國華人圖書館員協會於民國 76 年頒發他「傑出服務獎」，在講詞中將學術研究與教育、行政、組織領導並列為先生的四大成就，在「學術研究」部分說：

> 先生亟力提昇圖書館學學術研究，他曾任《圖書館學與資訊科學》刊物主編，也是《圖書館學》一書主編。他的著作包括《圖書館學論叢》、《圖書館選擇法》等書，以及有關圖書館學及資訊科學為主題的各類論述作品百餘篇。[2]

---

1 鄭麗敏，〈近二十年來臺灣地區圖書館學與資訊科學期刊論文引用參考文獻特性分析〉，淡江大學教育資料科學研究所碩士論文，1993。
2 美國華人圖書館員協會講詞，國立中央圖書館編，《王振鵠先生：國立中央圖書館館長，中華民國六十六年四月至七十八年七月》（臺北市：國立中央圖書館，1989），頁 5。

從民國44年到91年,先生的著作共有專著37種,單篇文章358篇,另曾指導34篇學位論文,此期間,先生曾任教多校,並於民國66年至78年擔任中央圖書館館長,又持續出任圖書館學會多項委員會召集人,在教育、行政及組織領導上扮演多重角色,然而還能在公餘研究不輟,質精量豐,論著的內容遍及圖書館學的理論與技術、圖書館事業發展的歷程以及各國圖書館事業經營的方法……,涵蓋面極為廣泛,這種旺盛的研究動機當源自於先生對圖書館事業的熱愛。

二、三個階段的學術研究

大陸學者倪波曾撰文介紹先生的學術思想及發展軌跡,並從發表的學術論文及其學術活動將先生的學術研究工作歸納為三個階段,分別是學術奠基時期、學術發展時期以及學術集粹時期。[3]

從民國44年到67年,前後23年的時間是先生的學術奠基時期。民國48年先生從美國范德比大學畢保德教育學院獲圖書館碩士,回國後歷任國立師範大學社會教育學系講師、副教授、教授、系主任,同時兼任該校圖書館館長,並參與圖書館學會會務。先生這段時間研究的代表作品包括〈圖書館與圖書館學〉(收於《圖書館學》一書)

---

3 倪波,〈振鵠論〉,《圖書與情報》,4(甘肅省:1994),頁35-36。

以及 10 餘篇國科會研究論文,前者探討圖書館與圖書館的概念與演進,包括意義、體系、功能與任務,後者包含一系列主題實務性的前後貫串的研究論文。此外,61 年發表〈論全面發展圖書館事業之途徑〉(教育資料科學月刊)一文,是先生首次對圖書館整體發展的建言。倪波評述這一階段的研究,「一方面從事對圖書館學的深入剖析,⋯⋯另一方面認真研究美國圖書館學與圖書館事業的現狀與發展趨勢,⋯⋯在這 20 多年期間他所發表的論著,基本上都是以此逐步開展的,就其研究的連續性與系統性考察,為他以後的學術研究和從事圖書館領導工作打下了堅實的基礎。」[4]

從民國 67 年到 78 年是先生學術研究全面發展時期,這 12 年間他出任中央圖書館館長,並持續榮膺中國圖書館學會常務理事,此外並受聘參與文化建設委員會及中華文化復興推行委員會的業務推動,這段時間先生全心投入在圖書館行政工作,民國 67 年開始擘劃中央圖書館新館遷建工程,民國 70 年創設「漢學研究中心」,但仍有大量的撰述,代表作如:〈當前文化建設中圖書館的規劃與設置之研究〉(國家建設委員會)、〈建立全國圖書館管理制度之研究〉(召集人,行政院研究發展考核委員會);此外,這段期間先生應各方邀請為他人著作撰寫序文,多

---

[4] 倪波,〈振鵠論〉,頁 35-36。

達 70 餘篇，先生以其豐厚的專業素養和精湛洗鍊的文筆，所撰序文不僅可供導讀原著，鳥瞰全書，而且引伸發揮，議論縱橫，莫不切中肯綮，對圖書館事業的各領域尤富參考價值。民國 73 年出版《圖書館學論叢》，該書精選 14 篇前此的研究成果，分類彙編成書，除了討論圖書館學的理論與實際外，並從現況介紹中瞭解我國圖書館事業發展的軌跡，以及其他國家圖書館事業的經營方法。

民國 78 年先生從公職退仕，是他在學術研究的集粹時期，由於在圖書館界聲望卓著，退休後並未少歇，除了回師範大學任教，旋由教育部圖書館事業委員會延聘出任委員，同時各校圖書館科系爭相聘教，民國 84 年榮膺中國圖書館學會理事長，此期間，先生的著述比前期更為豐碩，陸續發表若干專著及學術論文，代表作包括：《文化中心十年》（文化建設委員會）、《縣市文化中心績效之評估》（召集人，行政院研究發展考核委員會），〈文獻處理標準化問題〉（中國圖書館學會會務通訊），〈我國圖書館資訊服務政策之探討〉（文化建設與社會教育），〈合作館藏發展制度的建立〉（中國圖書館學會會報），〈我國圖書館學教育的回顧與前瞻〉（大學人文教育的回顧與展望──大學人文教育教學研討會論文集），〈臺灣地區的圖書館學研究〉（圖書館與資訊研究論集：慶祝胡述兆教授七秩榮慶論文集），〈二十世紀臺灣圖書館事業之回顧與展望〉（中華民國八十九年圖書館年鑑），〈圖

書館法與圖書館事業之發展〉（中華民國九十年圖書館年鑑），〈交流合作，共謀發展〉（圖書館學與資訊科學），〈為發展中華圖書館事業而努力〉（交流），〈海峽兩岸圖書館界交流之回顧與展望〉（華文書目資料庫合作發展研討會論文集）……。倪波評先生這段時間的撰述有兩個特色，「一是著重於就臺灣地區圖書館事業的回顧與展望總結式的論述，一是發表對海峽兩岸學術交流的願望與主張。」[5]

以上這三個階段各有其特色，倪波歸納說：「學術奠基時期是致力於研究與介紹國外圖書館學與圖書館事業發展，以期進行比較研究，試圖尋找出圖書館事業的途徑來。學術發展時期是從實際情況出發，緊密結合圖書館工作實際，以圖書館的功能、現代化與科學管理為主旋律，以大視角多渠道來探索圖書館學各個領域。學術集粹時期是重在總結多年研究心得與所奉獻的圖書館事業。」[6]

三、重要作品綜述

先生 50 年來的研究成果，有幾個重點，分別是圖書館學、文化建設、自動化、行政管理、圖書館合作（含兩岸交流）……等，分述如下：

---

5 倪波，〈振鵠論〉，頁 35-36。
6 倪波，〈振鵠論〉，頁 35-36。

典範的時代和理想的人格——王振鵠館長與國立中央圖書館

(一) 圖書館及圖書館學的內涵

先生對圖書館與圖書館學的意義、體系、功能與任務有深入的體察，早年他曾為「圖書館」作了一個簡潔扼要的定義：

> 圖書館就是將人類思想言行的各項紀錄，加以蒐集、組織、保存，以便於利用的機構。[7]

晚近他又為現代圖書館作了一個新的詮釋：

> 現代的圖書館是一采集與擷取紀錄在各種媒體上的資訊知識，經過組織、整合與傳播，提供自由利用和不限時地的資訊檢索服務，以引導與便利人們學習研究、交流經驗，進而激發創造人們新知文化，調適民眾生活的機構。[8]

前後相較，雖然圖書館的概念及其內涵隨著時代的變遷不斷改變，但是先生認為圖書館的社會價值不會改變，這些不變的基本價值包括「保存文化紀錄、維護求知權利、

---

[7] 王振鵠，〈圖書館與圖書館學〉，收入《圖書館學論叢》（臺北市：臺灣學生書局，1984），頁5。

[8] 王振鵠，〈現代圖書館的概念與認知〉，《中華圖書資訊學教育學會會訊》，19（臺北市：2001），頁3。

傳播資訊知識、調適精神生活」。[9]

至於「圖書館學」的意義及功能，先生認為：

圖書館學是一種知識與技能，據以研究圖書館經營的理論與實際，以及有關圖書資料之選擇、蒐集、組織與運用的方法。圖書館學的效用，對國家社會而言，他是統御國家文化資源，推展社會教育的一種手段；對圖書管理機構而言，它是一項資料處理的應用技術；對個人而言，他是一項治學的門徑與研究的方法。[10]

他又推究圖書館學的起源、體系以及中外圖書館學簡史，歸納出圖書館學的研究範圍包括以下五個方向，分別是：

歷史與功能的研究，圖書資料的研究，技術方法的研究，讀者服務的研究，圖書館行政與組織的研究。[11]

9　王振鵠，〈圖書館與圖書館學〉，頁5。
10　中國圖書館學會出版委員會編，《圖書館學》（臺北市：臺灣學生書局，1980），頁1前言。
11　王振鵠，〈圖書館與圖書館學〉，頁31。

這個範圍不但和圖書館的經營息息相關，也成為長久以來圖書館學研究和學校開授課程的標準形式。

(二) 圖書館與國家政策的關係

民國 68 年政府推動文化建設工作，透過中央圖書館的遷建以及各縣市文化中心的興建，提昇民眾的精神生活，並且讓圖書館具體落實在生活中，發揮它傳布國家文化資源、推展社會教育的功能。

民國 70 年，先生研提「當前文化建設中圖書館的規劃與設置之研究」，就各文化中心之計畫，國內外圖書館之現況以及我國圖書館事業之規劃與發展作了詳盡的分析說明，他特別強調圖書館與國家建設的關係：

> 一國圖書館的存在乃基於國家建設的需要，民族文化的延續，社會求知的權利以及民眾生活的調適四大要求。就國家建設而言，無論是政治、國防、經濟、教育、文化，以及科技等決策之制訂，技術方法之研究，無不有賴於資訊的供應，作為瞭解事實、掌握現況、查證參考，以及分析研判的依據。[12]

---

12 王振鵠，〈當前文化建設中圖書館的規劃與設置之研究〉，《圖書館學論叢》（臺北市：臺灣學生書局，1984），頁 88。

民國 68 年以後的十餘年間，是中央及地方設置文化中心軟硬體建設的重要階段，在先生所撰《文化建設十年》一書中屢述甚詳，[13] 文化建設中圖書館的興建不僅在事前有詳盡的規撫擘劃，在實施的過程中也有相關標準的制訂以及績效的評鑑。民國 81 年先生擔任召集人，完成「縣市文化中心績效評估」。

(三) 圖書館資訊建設

在先生的研究中，資訊建設與圖書館的關係，不侷限於圖書館自動化作業及網路系統建設，還包括圖書館資訊服務政策的擬訂。民國 69 年，中國圖書館學會和中央圖書館籌設「圖書館自動化作業規劃委員會」，啟動了臺灣地區圖書館的自動化，此後，無論在技術規範的擬訂、全國性資訊系統的建立、國家圖書館資訊網路系統的啟用、自動化作業的整合與推展，乃至於國家重要文獻典藏數位化計畫的推動，先生以不同的角色都參與其間。

「資訊（Information）」早年有不同的譯法，稱「情報」、「消息」、「信息」……等都有之，譯為「資訊」二字，首見於先生，他在師範大學社教系主任任內，創編「圖書館學與資訊科學」（Journal of Library and Information Science），自此，眾人皆習稱「資訊」及「資

---

13 王振鵠，《文化中心十年》，臺北市：行政院文化建設委員會，1991。

訊科學」。民國 65 年，先生發表〈三十年後的圖書館〉一文，預測圖書館在資料處理方面的趨勢，「圖書館業務的自動化（Automation）」以及「圖書館網狀組織（Library network）的普遍化」是其中兩項重大的改變與發展。[14]

晚近他回顧這一段圖書館自動化與網路建設的歷程，指出其深遠的影響：

> 在臺灣圖書館事業發展中，最令人矚目的另一成就就是圖書館自動化作業和網路系統建設，這也是近二十年來圖書館界隨中文電腦的發展和資訊網路的建設而合作研發的成果。其影響不僅是將圖書資料的處理技術，自傳統的手工作業導向機械化處理，更重要的一點是透過資訊技術的開發與應用，促進文獻資料的整合交流，使資源共享的目標早日達成。[15]

有了圖書館自動化與網路建設作為基礎，方可進而針對國家的需要，規劃全國資訊服務政策，以謀資訊共享。先生曾發表專文，探討我國資訊服務政策的研訂，在原則

---

14 王振鵠，〈三十年後的圖書館〉，《圖書館學論叢》（臺北市：臺灣學生書局，1984a），頁 58-59。
15 王振鵠，〈二十世紀臺灣圖書館事業之回顧與展望〉，《中華民國八十九年圖書館年鑑》（臺北市：國家圖書館，2001），頁 19。

方面他強調要注意到以下各方面：

> 1.配合全國資訊體系，……謀求整體發展，達到資訊共享的終極目的；2.配合國家建設計畫，適應國情需要，並在現有基礎上發展；3.確認圖書館、資料中心、文獻管理單位、檔案館及傳播機構等在資訊選擇、蒐集、儲存、分析、檢索與流通傳布工作上所扮演的角色與互動關係；4.不僅要著眼於全國資訊之共享，同時也要兼顧跨國資訊之傳輸與交流；5.不僅要注意資訊系統的建立與技術合作，更應重視資訊資源（Information resources）的充實與適當的整理，以切合機關團體與社會大眾各方面的需要；6.資訊人才的專業教育，與民眾利用資訊技術的輔導教育對於資訊服務的提昇與推廣有密切關係，應予加強。[16]

(四)圖書館行政管理

在圖書館的行政管理方面，先生既要求制度的建立，也重視服務的品質，並且講求管理的方法，他認為：

---

16 王振鵠，〈我國資訊服務政策初探〉，《國立中央圖書館館刊》，21:2（臺北市：1988），頁 109-111。

> 圖書館事業的經營觀念要配合時代要求有所改變，且能適應未來的需要。……將來的圖書館的及技術工作固然重要，而讀者服務變化更大。所以我們在經營觀念上應加檢討，如何更適合讀者的需要，而不是一味地只注意到管理上的要求。……在整個圖書館管理制度上，也會有很大的改變。尤其在今天，科學管理與企業化經營的方法，以及成本效益、目標認定評估等觀念，都是圖書館未來發展上值得注意的問題。……[17]

在「制度的建立」方面，先生早在30年前就洞燭先機，提出全面發展臺灣地區圖書館事業的若干途徑，包括：

1. 設置專門機構管理全國圖書館事業；2. 制訂圖書館事業法案；3. 組織全省公共圖書館網，謀圖書館事業之整體發展；4. 加強學術圖書館之合作，用以配合學術研究；5. 合作經營中、小學圖書館，配合國民教育之延長與發展。[18]

---

17 國立中央圖書館編，《全國圖書館會議議事錄》（臺北市：國立中央圖書館，1989），頁209。

18 王振鵠，〈論全面發展圖書館事業之途徑〉，《教育資料科學月刊》，4:4（臺北縣：1972b），頁2-3。

附錄

其後,在他主持的「建立圖書館管理制度之研究」中,他更進一步的闡述,以期在臺灣地區建立起一個「新圖書館制度」的規劃模式:

> 1. 訂定圖書館法與標準,為今後發展圖書館事業之依據。2. 專設圖書館事業規劃機構,以統一事權,研究各類型圖書館之合作發展事宜;3. 規劃全國圖書館資訊網,以國家圖書館為全國自動化發展中心,全面規劃各地各類圖書館館際合作網……[19]

在「服務品質的強調」方面,先生早年發表過許多圖書館經營實務的專著,包括:學校圖書館、小學圖書館、怎樣管理圖書、圖書選擇法……等,以及一系列實務性研究論文,包括:西洋圖書分類之沿革、西洋圖書分類之理論與實際、各國圖書館員教育之比較研究、美國圖書館合作制度之研究、圖書選擇與採訪之研究、標題目錄之研究、美國圖書館標準之研究、各國圖書館標準之比較研究、美國圖書館員養成制度之研究、美國公共圖書館制度之研究、美國書目管制工作之研究……等,足見他在不斷地尋求最適合讀者需要的經營管理方式。

---

[19] 王振鵠,《建立圖書館管理制度之研究》(臺北市:行政院研究發展考核委員會,1985),頁 1-2 提要。

大陸學者倪波認為先生最擅長「圖書館管理」，這些都是他累積了多年來豐富的實踐經驗和精心的研究成果，也提供後進許多借鑒，包括：

1. 從圖書館計畫、組織、領導、決策、控制與協調入手，進行科學管理；2. 提高圖書館領導藝術，特別是要提高做人的領導藝術；3. 推行圖書館業務管理，包括人員管理、館藏資源管理、建築與設備管理、圖書館業務技術管理等；4. 開展圖書館質量管理與評估；5. 加強圖書館事業的宏觀管理，包括圖書館事業的管理體制、圖書館組織與管理機構、圖書資訊網路建設、圖書館教育等。[20]

(五) 圖書館合作（包括兩岸交流）

各圖書館由於人力、物力，以致於無法拓展服務範圍及服務對象，面對此一困境，先生認為「合作」是唯一的解決方式。他曾就美國圖書館的合作制度發表過研究。民國80年，又針對國內的環境提出「建立全國圖書館合作服務制度促進資源共享政策」的專題研究，研究的目標包括：

---

[20] 倪波，〈振鵠論〉，頁36-37。

1. 依據我國在文化建設、學術研究、教育發展及民眾資訊等方面的需求，探討我國圖書館收藏發展之得失、服務之成效，作為規劃合作服務之參考。

2. 研究國外圖書資訊界在資源共享方面所進行的計畫與工作，並檢討其成果，俾收他山之石可以攻錯之效。

3. 調查分析我國現行合作服務之度之成效，在合作採訪方、編目、典藏、流通及資訊交流等方面提出可行的建議。[21]

合作不僅是圖書館與圖書館之間的觸媒，更是地區與地區間資源共享的契機。從公職退休後，先生以餘力來推動過去素所關心但受限職務不便表達的兩岸圖書館事業的合作發展。民國 81 年，先生撰寫一篇題為「為發展中華圖書館事業而努力」的文章，說道：

> ……雙方應加強觀念上的溝通和館際間的交流，秉持繁榮中華圖書館事業，恢弘中華文化，以及謀求資源共享的理念，盡一份圖書館工作者的責任。……由於雙方圖書館界都以傳承民

---

21 王振鵠、沈寶環，〈建立全國圖書館合作服務制度促進資源共享政策〉，收入《教育部圖書館事業委員會專題研究報告》（臺北市：教育部，1991），頁 2-3。

族文化、傳佈資訊為職志，有其共同的事業觀和共通的語言，所以對於在目前大環境下可能的發展，也都有相互的瞭解和期望。雙方一致希望以『求同存異』的觀點，積極的態度與韌性的精神，從學術研究、訪問觀摩、資訊交換互補、編譯專業詞彙及合作出版著手合作。[22]

先生以多年經營臺灣圖書館的績效說明兩岸圖書館事業「是合作而不是對抗」，因為這份共同的事業把雙方連在一起，所以他所秉持的信念不過是「繁榮中華圖書館事業、恢宏中華文化，以及謀求資源共享的理念，盡一份圖書館工作者的責任。」[23]

四、研究及治事所秉持的信念

先生以「少有的敬業精神，非凡的領導才能以及獨特的人格魅力」為大陸地區同道所欽仰。[24]

其中金恩輝稱先生是「臺灣地區圖書館事業的開創者」，並指出他在圖書館學研究有獨到的特點，歸結而言

---

22 王振鵠，〈為發展中華圖書館事業而努力〉，《交流》，9（臺北市：1993），頁59。
23 王振鵠，〈為發展中華圖書館事業而努力〉，頁58。
24 金恩輝、陳艷華，〈記我國臺灣圖書館事業的開創者──王振鵠先生〉，《圖書館學研究》，2（臺北市：1997），頁80摘要。

包括：1.範圍廣泛，無所不及；2.取法西洋，也重自身研究；3.結合行政經驗與學理研究，不流於空泛；4.前後貫串，有其系統。[25]

倪波更進一步的指出先生在學術上的研究來源於實踐，不脫離實踐，並且服務於實踐，「是一條寓工作、研究、教育於一體的『三結合』之路」。[26]

崔鈺則認為先生的圖書館學思想有縱與橫兩條軌跡，在縱的方向，有深厚的國學和人文科學的基礎；在橫的方向，受到西方美式圖書館學的發展以及資訊科學對圖書館處理技術的影響。他並且強調先生的學術思想有下列三項特點，分別是：理念與實際融合，充分比較後闡發己見以及注重在地地區的具體情況。[27]

> 總而言之，先生的研究成果及其呈現出來的想法，既吸收西方之長，也體察本土所需，並且掌握了文化的脈絡。以下從幾個角度來瞭解先生對圖書館研究的獨到之處：

---

25 金恩輝、陳艷華，〈記我國臺灣圖書館事業的開創者——王振鵠先生〉，頁 83。

26 倪波，〈振鵠論〉，頁 34。

27 崔鈺、康軍，〈中國臺灣圖書館學家王振鵠的學術思想與實踐〉，《圖書情報工作》，4（北京市：1997），頁 7-12。

(一)圖書館的時代功能及圖書館員角色的扮演

印度圖書館學家阮加納桑(Shiyali Ranganathan, 1892-1972)在他著名的「圖書館學五律」中提到「圖書館是一成長的有機體」(A library is a growing organization),所以圖書館隨著不同的時代在不斷的成長發展。即以臺灣目前的圖書館事業而言,由於全球圖書館事業受到資訊和通訊技術的衝擊,在功能與服務都上有鉅大的改變,所以無論是從國家建設到民間社會發展,都對圖書館資訊流通產生迫切的需求。[28] 針對鉅變環境的衝擊,圖書館若要在資訊時代中永續發展,必須要掌握其存在的若干基本價值,這些基本價值,先生稱之為「圖書館事業未來發展上所應秉持的信念」,包括:

1. 圖書館的存在,不會因電子圖書館或資訊系統的建設發展而減弱消失,反而運用資訊科技更能發揮其對資訊的選擇、組織、儲存及傳播的功能。
2. 未來圖書館的經營和服務觀念必須加以調整,一般圖書館要改變以「蒐藏」為最終目的之傳統觀念與作法,而謀求資訊多方取得

---

28 中國圖館學會,《圖書館事業發展白皮書》(臺北市:中國圖書館學會,2000),頁1。

之可能。

3. 現代圖書館的功能之一為傳播資訊與知識。……寄望圖書館不僅是「資訊」的傳播系統，進而是「知識」的傳播系統。……圖書館在各種主題文獻的徵集及組織等過程中，將龐雜氾濫的資訊去蕪存精，並作進一步的篩選、加值，並予以組織統合，提供讀者具有利用價值的知識內涵，真正達到傳播知識的目的。[29]

至於圖書館員當如何在外在的衝擊下自處，他除了引述美國圖書館學者史爾東（Brooke E. Shelton）的話：「由於在當前錯綜複雜的資訊時代中，圖書館專業人員有能力承擔重要的與艱難的任務，亦為傳統的圖書館員注入新的活力。」並表達了他個人的期許：

現代的圖書館員不再是一個保守、古版、坐在書堆中的資料管理員，應是具有新技術、新觀念、精力充沛、鬥志昂揚的資訊服務尖兵。[30]

---

29 王振鵠，〈二十世紀臺灣圖書館事業之回顧與展望〉，《中華民國八十九年圖書館年鑑》（臺北市：國家圖書館，2001），頁26。
30 王振鵠，〈二十世紀臺灣圖書館事業之回顧與展望〉，頁22。

(二) 圖書館學的本質及其研究趨勢

先生早將圖書館與圖書館學並列，完成其力作《圖書館與圖書館學》，在《圖書館學》一書的前言中，先生將這兩者間體用互為表裡的關係說的更為明白而透徹（見前文），至於圖書館學研究的方向，他指出有以下兩端：

> 其一是從圖書館的經營管理作為出發點，研究其發展與運作的有關理論和技術方法，探討其組成要素，活動的規律，以及圖書館事業與社會的關係。另一方向是從圖書館所收藏和利用的圖書資料作為出發點，研究人類思想言行的記錄之產生、鑒別、蒐集、組織、交流及利用等問題，其中也涉及到管理機構的組織與管理。[31]

薛拉（Jesse H. Shera）認為「知書與知人——關於資料及其來源的知識，和對顧客及其需要的深入瞭解——是支持圖書館服務的一對礎石。」[32] 先生所論圖書館研究的兩個方向與此不謀而合。

---

31 周寧森，《圖書資訊學導論》（臺北市：三民書局，1991），頁7序。
32 Jesse H. Shera 著；鄭肇陞譯，《圖書館學概論》（新竹市：楓成出版社，1986），頁52。

圖書館的研究雖然涉及多端,但是先生認為未來有三個值得研究的角度,分別是:

1. 理論的研究:建立圖書資訊事業的價值觀,探討圖書館學的理論基礎,研究在不同社會環境影響下圖書館事業發展的規律,資訊社會對未來圖書館之衝擊等等。
2. 技術層面的研究:建立以我國文化為本為的技術規範和文獻處理方法,自國家文化傳承及讀者資訊需求觀點分析圖書館之館藏與服務,圖書館資訊服務之技術與倫理等等。
3. 研究的資源:在合作發展前提下建立統合與互通的作法,由一研究機構主導下加以調查協調,並能提供進一步個別的研究服務,當有助於研究文獻資源之利用。[33]

(三) 以人為本的圖書館服務

由於科技進步以及分工日趨細膩,使得圖書館的經營越來越進步,也令人不免憂心圖書館過於講求管理方法而忽略了讀者真正的需要,薛拉(Jesse H. Shera)就擔心這

---

33 王振鵠,〈臺灣地區的圖書館學研究〉,胡述兆教授七秩榮慶論文集編輯小組編,《圖書館與資訊研究論集:慶祝胡述兆教授七秩榮慶論文集》(臺北市:漢美圖書公司,1996),頁22。

樣下去會不會偏離圖書館應走的方向,他說:「圖書館學在其技術和服務方面也漸漸接近社會和自然科學。不過我們還是要記得圖書館的人文根源,否則,過份偏重科學技術和行為主義的社會活動,可能會使我們忘卻個人和他的需求,以及其中所蘊含的人文價值。」他並強調:「圖書館是書,也是人,如此說來,他是一種人文事業。」[34]

先生是學人從政的典範,圖書館先進嚴文郁教授形容先生「器宇軒昂,儀表動人,且溫文爾雅,謙沖為懷,更令人易與接近。……每於開會及座談之際,見其處事冷靜而堅定,發言審慎而坦率,分析問題,簡明切要,實其學養深邃所致,由是景仰之忱,與時俱增。」[35]由於先生有深厚的人文素養,在治理圖書館時,「讀者」是他最為重視的,以民國75落成啟用的中央圖書館新館建築來說,就把讀者放在設計理念的首位,當年還沒有因應肢障讀者需求的所謂「無障礙空間」,但是新館在大門進門的階梯及各樓層的電梯、廁所、閱覽桌椅,都有特別的設計,提供一個人性化的空間,具體落實「讀者服務」。一篇題為〈從監視到邀請——中央圖書館新館巡禮〉的文章這樣描述:

把出納臺由門口移到後面,充分表現了他的

---

[34] Jesse H. Shera 著;鄭肇陞譯,《圖書館學概論》,頁 7-8 序言。
[35] 王振鵠,《圖書館學論叢》(臺北市:臺灣學生書局,1984),頁 7 嚴序。

「邀請」誠意，……走進館區，凡有地毯部分都是讀者區，而無地毯部分才是行政區。加上行政區盡量設在地下樓，整個設計理念，都以民眾服務為主，而非以管理為主的安排。……[36]

在先生的心目中，國家圖書館所要服務的對象，不單是任何一位來館的讀者，更包含全體國民；也不單是臺灣本土，更包含所有華語文遍佈的地區，他曾說：

作為一個國家圖書館，第一個職責便是要保存我們的民族文化，……就文化傳承的責任來說，要保存我們的民族文化遺產，並且以此為基礎繼續發展，充分闡揚其價值，以創造新的文化。……在圖書館的經營上，必須把胸襟放開，眼界放遠，不單是要汲汲於內部技術作業的改善，還要進一步體認到我們所負擔的文化使命，認清我們在國家社會中所扮演的角色，並且秉持這些信念不斷努力，以求對國家民族有所貢獻。[37]

---

[36] 羅肇錦，〈從監視到邀請——中央圖書館新館巡禮〉，收入《中國時報》，1986年9月28日，8版。

[37] 王振鵠講，〈傳承民族使命，開創館務新局：王館長77年2月對全體同仁講話紀要〉，《國立中央圖書館館訊》，10:2（臺北市：1988），頁22。

先生學養兼具，致力圖書館事業 50 多年，以上所列三點不過以管窺豹，難盡其詳。民國 78 年 7 月先生離開公職前，他親筆寫下一段箴言給中央圖書館同仁：

> 國家圖書館為一國文化水準之表徵，其主要任務在發揚舊學、涵養新知。一方面保存舊文化，一方面開拓新境界，具有繫文化命脈，關時代興衰之功能。今後在館藏發展上，應立足本土、放眼世界。不僅要質精量豐，更應謀服務之便利，工作同仁要以「熱誠」作為重要的守則，並以宗教家的愛心和耐性為大眾服務。尤以處於資訊時代，應設法將本身擁有的「能量」化為「電力」，向外輸出，以滿足資訊社會更高的需求。國家圖書館不祇供應資料，更要產生導向，在國家社會發展中扮演一個更為積極的、主動的角色。此外，國家圖書館應以橋樑自居，在圖書館之間策導溝通，謀求圖書館事業之合作發展。[38]

這幾句話鎔鑄了先生數十年來研治圖書館的心得，其中所含精義，不單單是針對國家圖書館而言，也可推而廣

---

38 國立中央圖書館編，《王振鵠先生：國立中央圖書館館長，中華民國六十六年四月至七十八年七月》，臺北市：國立中央圖書館，1989。

之,作為每一個圖書館以及每一個圖書館員自我提昇的目標。

五、半世紀來影響臺灣圖書館事業最深遠的學者

先生投身圖書館工作逾半世紀,五十年來伴隨著臺灣圖書館事業的成長,與臺灣文化教育的發展密不可分,他在學術研究上的心得與其獨到的經營理念,不但見證了圖書館的發展,也影響到圖書館的經營,並且指導圖書館事業的方向,堪稱為半世紀來影響臺灣圖書館事業最深遠的學者。盧荷生教授認為先生:

> ……是臺灣圖書館事業發展的動力泉源,……是圖書館員中對國家貢獻最多的人,……也是一位有歷史文化責任感的圖書館員,……最難能可貴的,是他在圖書館學的天地裡,學養上兼備學術修養與實務經驗,觀念上兼顧教育事業與文化傳承,實務上兼及科學管理與人性領導,作為上兼能宏觀思考與細部運作。[39]

先生論圖書館及圖書館學的內涵發展,與時精進;透過圖書館在中央及地方的興革,實現國家文化建設,以達

---

[39] 盧荷生,〈慶祝先生七秩榮慶論文集壽序〉,收入《當代圖書館事業論集:慶祝先生七秩榮慶論文集》(臺北市:正中書局,1994),頁1-2。

成圖書館推動文化的使命；又致力於圖書館自動化，拓展圖書館服務民眾的途徑，並且促進文獻資源的整合交流；而在圖書館的管理上，既要求制度的建立，也重視服務的品質，並且講求管理的方法；對先生而言，圖書館不僅是資源共享的利器，也是地區與地區間、甚至文化與文化間互相瞭解與競合的媒介；圖書館在先生的心目中，不單是一份工作，而是一個事業，是一個體現民族文化，拓展社會教育以及提昇個人器識與學養的重要途徑。先生深知深處資訊時代，圖書館不但要堅持其基本價值觀，同時也要在經營及觀念上隨著外在環境的需要隨時調整，才能永續經營；對於圖書資訊的本身以及使用者的需要要一體重視，不可偏廢；圖書館在服務上，當以讀者為經營之首要，要以熱誠、愛心以及耐心善盡圖書館服務人群的角色。

　　清代學者章學誠曾說：「史學所以經世，固非空言著述也。」先生的著述不但掌握了文化的脈絡，並且充分體察本土的需要，沒有一句空泛的言論，他的著作提昇了對圖書館學研究的思維理念，而被認為是對臺灣地區圖書館最具影響力的學者。先生嘗言：

> 服務人群的要訣，一是誠，誠乃不自欺，不欺人，誠心誠意的實事求是；一是恆，恆乃信心耐心，擇善固執，堅持到底，持之以恆的人終

將有成。[40]

　　50 年來,先生在論著、治事乃至於應世,永遠秉持著「誠」與「恆」的信念,為圖書館的專業倫理樹立了完美的典範。(本文原刊於《圖書館學與資訊科學》,31 卷 2 期,2005 年 10 月,頁 5-13。)

---

40 雷叔雲,〈謙抑應世,協和容眾:館長王振鵠教授〉,《國立中央圖書館館訊》,9:1(臺北市:1986),頁 14。

附錄二：王振鵠教授與圖書館事業

顧力仁

民國 75 年，臺北市中山南路，一棟淡灰紅色的七層西式建築嶄新豎立，與傳統的中正紀念堂遙遙相對，不僅吸引人矚目，也為當年建築界所激賞，這棟建築就是榮獲臺北市當年度優良建築設計及施工首獎的「國立中央圖書館」，評審的獎詞如此描述：

> 建築物的整體表現堪稱大方、莊重、氣質典雅；以簡單的現代化造型線條成功的融入中國式的對稱空間。……擺脫了昔日靜態規劃設計的窠臼，到處與人一種在肅穆中蘊含較為含蓄的動感，空間的貫穿、流瀉，使空間平添許多生動的張力，舊日圖書館呆澀冷硬的岸然道貌盡失，其生動鮮活的空間形象所產生的親切感，令人處身其中，舒適自適且不忍遽去，……內部的區間、配置構成富變化之趣味性。另外，一些非結構性隔間物的運用，塑造了空間的親和感及有機性等，乃其最大之特色。（臺北市75 年度優良建築設計、施工獎評審感言）

當年新落成的館舍擁有 37,00 餘坪基地，地上七層、

地下兩層，樓版總面積 12,000 餘坪，可容圖書 200 萬餘冊，讀者 2,000 人，共有國際水準的國際會議廳及演講廳，同時可供 1,200 人參加文教活動。這棟精緻的文化造產歷經八年的策劃、五年的設計監造，是罕有的紀錄，當年被列為十二項文化建設內的主要建設項目，並編列臺幣 10 億元，工程期間不但沒有追加，反而結餘公款 7 千餘萬元，規劃的縝密、執行的績效更是罕見。近 20 年來，這座外型沈穩敦厚，內部端莊樸質的公共資源隨著時間雖然空間已呈明顯不足，但仍廣為大眾愛用，單日使用頻率高達 6,000 餘人次，承擔了臺灣地區學術、公共兼及部分大學圖書館的多重使命。

民國 76 年，策劃督導中央圖書館遷建的王振鵠館長接受行政院功績獎章的表揚，其中第一項功績就是「遷建新館」，獎詞說道：

> 王館長獻身圖書館事業歷 30 年，⋯⋯策劃督導中央圖書館新館遷建，自請撥土地，規劃設計，乃至興工，前後 8 年，經緯萬端，困難重重，均能一一克服。新館自 75 年 9 月啟用以來，咸認設計新穎、施工縝密、設備完善、服務優良。不但落實文化建設，提昇社教功能，抑且揚譽國際，有助文化交流。⋯⋯

附錄

　　這項遷建作業既是「經緯萬端，困難重重」，如何能夠一一克服？中央圖書館當年參與遷建作業的同仁易明克先生從一個基層的角度說出其關鍵：

　　……我雖是工程出身，但由於剛開始對遷館作業投入未深，對席間冗長的報告及來往反復內容討論的，其實聽來是一知半解的；反觀王館長，雖無工程背景，但整個會報從頭到尾都相當專注，而且能在適當時機做出關鍵性的決議來，讓我們做紀錄的人都覺得十分輕鬆。王館長當時每隔一段時間便親率相關主管前往新館工地視察，那一陣子，工程結構體剛剛完工，工地現場猶是髒亂紛雜，鋼筋模版橫七豎八散落一地，他也不以為苦。後來進行室內規劃的時候，他也經常鼓勵同仁到新館參觀，從實際的情況中下功夫，以避免閉門造車的毛病。我當時也因業務的關係，經常陪同到現場參觀，那時電梯尚未裝置，上下來往全憑兩條腿，我們年輕人也就罷了，但看到白髮出現的館長也那麼努力著，心中不由得敬佩起來。也終於瞭解到為什麼這樣一位毫無工程背景的長官，卻能在那樣專業的工程會報中迅速抓到要點，這得完全歸功於平時投入之深，以及對工程一直

保持虛心留意的態度所致。⋯⋯

⋯⋯遷館作業顯然是相當成功的，不但當時全館都參與了，而且那樣龐大複雜的業務，處理起來卻是條理分明，日起有功，只覺得當時全館同仁的心都緊緊聯繫在一起，是相當和諧而令人振奮的。如今推敲此一作業所以成功的原因，個人看法歸納為下列幾個要素，「正確的決策與領導」、「高度的認同與參與」、「良好的組織與協調」、「周密的前置作業」等。⋯⋯其中最重要且最具決定性的因素「正確的決策與領導」，則是王館長的重要貢獻，事實上，前述其他諸要素如非以「正確的決策與領導」做前提，都不能真正的成功。⋯⋯（易明克，〈我所知到的王館長振鵠先生〉，收於《寸心銘感集：王振鵠教授的小故事》）

王館長是學人從政的典範，「望之儼然，即之也溫」，大家對這位曾經主導臺灣地區圖書館事業的大家長都有這樣的體會。籌備中央圖書館的成立，並且在抗戰期間深入淪陷區搶購古籍的前中央圖書館館長蔣慰堂先生稱道中央圖書館新廈的落成是圖書館史上「憑空出現」的破天荒事實，在他的心中王館長「學識淵博，教澤廣被，成就良多」，圖書館先進嚴文郁教授形容王館長「器宇軒昂，儀

表動人,且溫文爾雅,謙沖為懷,更令人易與接近。⋯⋯每於開會及座談之際,見其處事冷靜而堅定,發言審慎而坦率,分析問題,簡明切要,實其學養深邃所致,由是景仰之忱,與時俱增。」

王館長曾領導師範大學社教系,並在各大學教課,早年曾在師範大學受教於王館長,並追隨他工作多年的中央圖書館前主任張錦郎先生以「善教者使人繼其志」來形容這位影響許多圖書館從業人員的老師,他說:

⋯⋯善教者使人繼其志⋯⋯王館長振鵠師當之無愧。他的學養與典範如風行草偃,給人的影響是那麼的自然。今日獻身臺灣圖書館事業,為臺灣圖書館資訊業認真打拼的朋友,不但大部分受教於王館長振鵠師,而且,更重要的是,他們決定選擇圖書館這個行業,並兢兢業業,是受到王館長振鵠師的影響。這不是一件容易的事,不是每一個人都能作的到,⋯⋯這個影響力是什麼?很難具體地說出,或看他主持會議,或聽他講話(不論開場白或結論)。看他表情、眼神、舉手投足等等,給人一種感覺:圖書館事業是一份很神聖的工作,要敬業、要執著、要全力以赴。⋯⋯(張錦郎,〈善教者

使人繼其志〉，收於《寸心銘感集：王振鵠教授的小故事》）

經師有，人師難得，任何事業的中興以「人才」為本，王館長在臺灣建立圖書館事業的過程中，許多從業人員都以「子弟兵」的角色追隨他，無論親炙受教或私淑學習，實非爾然。

民國 66 年，當時中央圖書館館舍猶侷限在南海學園一隅，全館中西藏書不逾 50 萬冊，館藏善本古籍仍存置於由大陸遷臺所用鐵箱，中華民國期刊論文索引還屬人工編製出版紙本，日韓文閱覽室僻處在頂樓陽臺增建部分……，凡此皆可見當年館務方向的不定，以及外在條件的缺乏，特別是國際圖書館的經營已邁入自動化，國際機讀格式（UNIMARC）頒行後，各國相關規範如：USMARC、UKMARC……等相繼踵行，與國際接軌如箭上之弦。66 年 3 月 31 日，王館長從師範大學借調到中央圖書館接掌館務，諸事叢集，萬舉待發，「今天不作，明天就會後悔」誠為當時的寫照，直到民國 78 年 7 月 31 日王館長屆齡回師大任教，12 年半的時間，建樹良多，前述新館遷建工程前後 8 年不過其中之一，其他戀績諸如：

- 民國 67 年，創設「中華民國人文社會科學館際合作組織」，包括學術圖書館為主的百

餘館參與,共謀館際間資料之交流與合作。

- 民國69年起,組織委員會及研究小組,推動全國圖書館自動化作業,建立全國書目資訊系統,並完成「中文機讀編目格式」、「中國編目規則」、「中文標題表初稿」,並策劃網路系統,建立各種國家書目檔。

- 民國69年起,先後籌辦國際會議九次,包括「圖書館事業合作研討會」、「中文圖書資料自動化國際研討會」、「圖書館自動化與資訊網研討會」……等,聯絡國際圖書館界,不但進行學術及業務交流,增進彼此之間的合作關係,更振興臺灣地區圖書館事業,且提昇本區在國際圖書館界的形象及地位。

- 民國70年設立「漢學研究資料及服務中心」(後改稱「漢學研究中心」),創編《漢學研究》、《漢學研究通訊》等刊物,設置漢學資料閱覽室,蒐集流失海外之珍本古籍印本,籌開漢學研究國際會議,參與國際書展,78年更擬訂計畫,獎助國外大學相關系所教授及研究機構人員來臺,以漢學範疇進行研究,進行學術交流倡導漢學研究風氣,發揚中華文化。

- 民國 70 年中央圖書館在險惡的國際環境下，仍取得「國際標準書號地區代碼」，繼而推動「中華民國國際標準書號」的實施，77 年籌設「中華民國國際標準書號中心」，進行國內出版品的「預行編目制度」，甚受圖書出版界的重視，強化圖書館對出版品的書目控制。
- 民國 78 年主辦「全國圖書館會議」，邀請圖書資訊界三百人，共同研討並規劃全國圖書館事業的發展事宜，會議針對圖書館法規標準、圖書館組織服務、資訊網路規劃、圖書館教育等重大議題皆提出具體建議。（參考〈王館長振鵠大事紀要〉，收於《王振鵠先生：國立中央圖書館館長，中華民國六十六年四月至七十八年七月》）

此僅就王館長在中央圖書館任內 12 年間所為犖犖大者舉其若干，美國華人圖書館員協會曾於民國 76 年頒贈王館長「1987 年傑出服務獎」，獎詞中說道：

> ……長久以來，王教授在中國圖書館事業中擔任教育、行政、組織領導及學術研究等不同的職務與角色。

- 教育　王教授曾任國立臺灣師範大學講師、副教授及教授。……並先後擔任國立臺灣大學、私立輔仁大學、文化大學史學研究所等校的兼任教授。
- 行政　王教授現任國立中央圖書館館長,兼漢學研究中任主任,在中央圖書館新館遷建計畫中,他以遷建工作小組召集人的身份,舉凡新館用地的評估取得、設計規劃、招標興工等每一環節無不悉心投入……。
- 組織領導　王教授自民國51年起出任中國圖書館學會委員及圖書館自動化作業規劃委員會召集人。美國資訊科學學會臺北分會成立後,又被推選為第三屆會長。在他的主持下,中央圖書館舉辦多次國際性研討會,其中重要者包括第一、二屆圖書館事業合作發展研討會(1980及1986),第一屆亞太地區圖書館學研討會(1983),方志學國際研討會(1985),敦煌學國際研討會(1986)以及明代戲曲小說研討會(1987),……對於文化合作交流貢獻良多。
- 學術研究　王教授極力提昇圖書館學術研究,他曾任《圖書館學與資訊科學》(Journal of Library and Information Science)刊物主

編，也是《圖書館學》（Library Science）一書主編（1974）。他的著作包括《圖書館學論叢》、《圖書館選擇法》等書，以及有關圖書館學及資訊科學為主題的各類論述作品百餘篇。

「教育、行政、組織領導及學術研究」的確是相當不同的職務與角色，窮究一生之力，有的人未必能勝任其一，王館長兼而備之，瞭解他的人都知道，實至名歸。

從民國66年到87年，這12年不但是中央圖書館的黃金歲月，也是臺灣圖書館事業振衰啟蔽的重要關鍵時期，今天，臺灣圖書館擁有與國際同步的「圖書館自動化」、「全國書目資訊網」、「標準書號中心」，在作業上具備標準化規範，在設備上百餘館舍陸續落成，在從業培訓上專業人才推陳出新，王館長投入精華的年月落實了圖書館事業所必備的「館舍、管理、自動化、教育與人才」。民國78年7月，他親筆寫下一段箴言給依依不捨他離開的中央圖書館同仁：

國家圖書館為一國文化水準之表徵，其主要任務在發揚舊學、涵養新知。一方面保存舊文化，一方面開拓新境界，具有繫文化命脈，關

時代興衰之功能。今後在館藏發展上，應立足本土、放眼世界。不僅要質精量豐，更應謀服務之便利，工作同仁要以「熱誠」作為重要的守則，並以宗教家的愛心和耐性為大眾服務。尤以處於資訊時代，應設法將本身擁有的「能量」化為「電力」，向外輸出，以滿足資訊社會更高的需求。國家圖書館不祇供應資料，更要產生導向，在國家社會發展中扮演一個更為積極的、主動的角色。此外，國家圖書館應以橋樑自居，在圖書館之間策導溝通，謀求圖書館事業之合作發展。（收於《王振鵠先生：國立中央圖書館館長，中華民國六十六年四月至七十八年七月》）

這幾句話，期待的不應祇是國家圖書館的從業同仁，凡我圖書館多士皆可資惕勵互勉。

脫卸圖書館界大家長的重責後，王館長並未多得輕省，除了多校爭聘他授課外，同時被聘擔任教育部「圖書館事業委員會」委員，繼續致力於臺灣地區圖書資訊的合作發展；此外，他還推動過去素所關心但受限職務不便表達的兩岸圖書館事業的合作發展。民國 81 年，《圖書館學與資訊科學》刊出〈如何促進海峽兩岸圖書館與資訊事

217

業的發展〉筆談會,共刊出兩岸及美國圖書館界人士文章 21 篇,對兩岸交流引起各方熱切的回應。民國 80 年,王館長榮任中國圖書館學會理事長,81 年 2 月大陸六位知名圖書館界學者應臺灣大學的邀請訪臺,成為當時兩岸圖書館界雙向交流的里程碑,王館長撰寫一篇題為〈為發展中華圖書館事業而努力〉的文章,說道:

> ……雙方應加強觀念上的溝通和館際間的交流,秉持繁榮中華圖書館事業,恢弘中華文化,以及謀求資源共享的理念,盡一份圖書館工作者的責任。……由於雙方圖書館界都以傳承民族文化、傳佈資訊為職志,有其共同的事業觀和共通的語言,所以對於在目前大環境下可能的發展,也都有相互的瞭解和期望。雙方一致希望以『求同存異』的觀點,積極的態度與韌性的精神,從學術研究、訪問觀摩、資訊交換互補、編譯專業詞彙及合作出版著手合作。(《交流》第 9 期,1992 年 5 月)

王館長長期致力圖書館事業,久為大陸同道所欽仰推崇,他以多年經營臺灣圖書館的績效說明兩岸圖書館事業「是合作而不是對抗」,因為這份共同的事業把雙方連在一起,所以他所秉持的信念不過是「繁榮中華圖書館事業、

恢宏中華文化，以及謀求資源共享的理念，盡一份圖書館工作者的責任。」。

　　王館長出生於河北濮陽，早年的天主教中學戒律生活造就他的律己。抗戰期間曾因參加抗日團體，而被監禁在獄，三年的牢獄期間「生死由之，置之度外」，影響他日後的處事態度與民族觀念。大陸撤守前畢業於中國大學文學系，旋與夫人身無長物地來臺。民國48年獲美國范德比大學圖書館學碩士，在美期間曾以三個月旅行參觀全美近100所大小圖書館，並逐一誌下參訪心得報告，用力精勤，令外籍師長印象深刻。回臺後致力圖書館事業於今未歇，民國72年獲總統頒「行政院最優人員榮譽」、75年獲中國圖書館學會「圖書館事業貢獻獎」、76年羅馬教廷頒「聖思維爵士勳位」、76年美國華人圖書館員協會頒「1987年傑出服務獎」、76年行政院頒「三等功績獎章」、77年美國俄亥俄大學授頒「名譽法學博士」。

　　「資訊科學」一詞多年來喊的震天價響，譽為顯學，「資訊（Information）」早年有不同的譯法，稱「情報」、「消息」、「信息」……等都有之，譯為「資訊」二字，首見於王館長，他在師範大學社教系主任任內，創編「圖書館學與資訊科學」（Journal of Library and Information Science），自此，眾人皆習稱「資訊」及「資訊科學」。民國65年，王館長在《中華日報》發表一篇文章，題為

219

〈三十年後的圖書館〉，歸納圖書館在資料處理方面大的改變與發展包括以下三項：

一、圖書資料的縮影化（Miniaturization）……
二、圖書館業務的自動化（Automation）……
三、圖書館組織的網路化（Library network）……其影響有以下三點：就個人來說，不論是學習研究，還是搜求新知見聞，都可以從圖書館中獲得較過去更為迅速完善的服務……。就圖書館的功能來說，圖書館已從一社會教育機構發展成為一資訊傳播系統，與大眾傳播機構同樣的肩負起傳播知識消息的任務……。就國家的建設發展來說，圖書館為一知識技術資訊中心，它蒐集學術研究的成果和世界上的新知識，並加以分析、存儲，隨時供備學者專家檢索參考……。相信在卅年後，圖書館不僅在人類知識記錄的儲集與傳播方面較目前更具效用；進而更成為知識與學術發展的原動力，切實發揮了創造新知識和產生新理想的目標。（《中華日報》，1976年4月13日9版）

三十年後，重看斯文，更堅定我們對這份事業所能提供給讀者、社會、教育及國家的信念。

附錄

　　一輩子從事圖書館事業，大半生投入圖書館資訊化，王館長曾應《臺灣春秋》的邀稿，寫了篇〈書人書話〉的短文，在結論他寫道：

古人曾說行萬里路，讀萬卷書。我個人深切的體認，讀書在汲取知識，追求學問，但同時也不要脫離現實，忽略人生。清朝廖燕在其《松堂集》一書中曾勸人多讀無字書，他說無字書者，天地萬物是也，取之不盡，用之不竭。其意指一個人除讀書外，更要深入社會，體驗人生。朱熹主張讀書更有「切己體察」的功夫，指出「學不止是讀書，凡做事皆是學」，也寓有此理。在這書籍世界中，汲取源頭活水固然重要，但也不可因資訊氾濫而遭湮沒。（《臺灣春秋》1卷6期，1989年3月）

　　「書與人」的關係是什麼？王館長以他的睿智給我們一個答案，從這段短語，您當可以分辨出來「資訊」、「知識」與「智慧」的分別。（本文原刊於《中國圖書館學會會訊》11卷4期，2003年12月，頁10-14。後轉載於中國圖書館學會出版委員會主編，《圖書館人物誌》，臺北市：中國圖書館學會，2003年，頁157-165。）

典範的時代和理想的人格——王振鵠館長與國立中央圖書館

英文摘要及目次

Director-general Chen-ku Wang and the National Central Library

Li-jen Ku

Abstract

Professor Chen-ku Wang was the former Director-general of the National Central Library (NCL) from 1977 to 1989. During his leadership of the National Central Library, He devoted himself in various significant activities such as: 1. Overseeing the relocation of the NCL to its current facility; 2. Developing the management of Taiwan's county libraries; 3. Establishing the national library automation and bibliographic network system; 4. Establishing the Center for Chinese Studies; 5. Promoting inter-library cooperation between libraries national in international.

During the twelve years of his tenure, Director-general Chen-ku Wang made particularly contribution not only to the infrastructure construction of new operations at the NCL, but also an inestimable contribution to library affairs in Taiwan.

Contents

Contents

iii	**Preface by Dr. Ming-der Wu**
1	**Chapter One:** Introduction
13	**Chapter Two:** Early learning and experience
29	**Chapter Three:** Relocating the National Central Library
39	**Chapter Four:** Developing the management of Taiwan's county libraries
49	**Chapter Five:** Establishing the national library automation and bibliographic network system
63	**Chapter Six:** Establishing the Center for Chinese Studies
83	**Chapter Seven:** Promoting inter-library cooperation between libraries national in international
113	**Chapter Eight:** Important factors of the development of the National Central Library During the tenure
137	**Chapter Nine:** Awards and honors
149	**Chapter Ten:** Conclusion
165	**Bibliography**

Appendices

177	**Appendix I:** The Brief Introduction of Professor Wang Chen-ku's Writings and Scholarly Thoughts on Librarianship
207	**Appendix II:** Professor Wang Chen-ku and the Librarianship of Taiwan
223	English abstracts and contents
227	Postscript

後記

後記

　　「王老師與中央圖書館」這個主題深具意義，王老師於民國 66 年 3 月至 78 年 7 月擔任國立中央圖書館館長，前後凡 12 年又 4 個月，任內有許多創舉，例如遷建新館、推動文化中心圖書館的建設、與圖書館學會合作發展自動化與書目網路、籌設漢學研究資料暨服務中心，成立「中華民國人文社會科學圖書館合作組織」、舉辦「亞太地區第一屆圖書館學術研究會」、辦理「中華民國臺北第一屆國際書展」、創編《中華民國圖書館年鑑》等，這些不過是若干重要而為大家所熟知的部分，其他所在多有，不勝枚舉。而這些新猷不僅僅對國立中央圖書館，甚至對全國圖書館乃至於臺灣的學術界，到國際文化的合作與交流，都發揮了相當的影響。

　　王老師接任中央圖書館之前，已經在圖書館專業服務近 30 年，無論在教育、學術研究以及行政管理等各方面深富經驗、享有盛譽，接任中央圖書館，是將老師的專業理念以及服務熱忱從局部拓展到更廣泛的範疇。若是說在民國 66 年以前，老師所有的人生歷練和專業經驗都是為了承擔爾後這 12 年艱鉅的館務而預備，並不為過，因為王老師在中央圖書館的 12 年間，諸事蝟集，責深任重，許多工作都是在「今天不作，明天就會後悔」的心情下毅然推動，而當時所擁有的資源祇能用「人既少、錢又缺」這幾個字來形容。

典範的時代和理想的人格——王振鵠館長與國立中央圖書館

　　若要用「個人事業的頂峰」來描敘王老師在中央圖書館的這12年，絕對是不正確的，因為王老師所看重的是圖書館事業的發展而從不在意個人的仕途，王老師不祇一次婉謝教育部的邀請，最後是在盛情難卻的形勢下由學校轉調到公職，王老師曾經對於借調擔任中央圖書館館長回憶說：

> 六十六年三月十九日，我交卸了在師大的工作，當時的心情真是百感交集，絲毫沒有一點高興喜悅的心情。總覺得面臨的是一個責任，一個很沈重的負擔。我可說是在好友策勵下，懷著戒慎恐懼的心情到了中央圖書館。（見《書緣：圖書館生涯五十年》，頁73。）

　　也就是這個「戒慎恐懼」的心情促使王老師在之後的4,500個日子裡臨深履薄的推動館務，而成就了包括以上若干創舉在內的諸多貢獻。

　　這12年，對王老師來說固然是犧牲與奉獻，但也是專業理念的實踐，更是作為一個知識份子履行其經世致用的社會責任，從這個角度來說，中央圖書館誠然是王老師施展抱負與理想的平臺；相應地，對中央圖書館來說，這12年也是館務發揮影響力的極致，不論是在硬體的建設或是軟體的充實，尤其是在精神上的凝聚，達到一個相當高

的層面,甚至向外與國內和國際上的各友館,以及學術、文化各界聲氣相通,彼此連絡。

先生在中央圖書館任內迭有建樹,但是並不代表過程都是平坦順遂的,相對的;先生走的是一條異常艱難的路,而且這一條崎嶇的道路還是先生主動所選擇的。舉遷建新館為例,在議起之時,即有人勸阻先生「官不要修衙」,一則因為蓋房子是件麻煩事,再則建築牽涉到利益,勢必要面對質疑、刁難、人情、壓力等,果然這些在新館遷建的過程中都碰到了,但是為什麼先生明知如此,仍然要作?因為先生知道新館代表的不僅僅是一棟建築,而是政府對圖書館事業、對文化建設理念的實踐,更是圖書館專業在臺灣紮根發展的一個契機,也是圖書館行業被社會接納肯定的一個指標。民國75年9月中央圖書館新廈啟用,一時間,譽聲四起,說明了8年遷建的辛勞沒有白費,也顯示先生當初所預期的完全正確。再舉推動自動化為例,先生於民國69年規劃臺灣圖書館自動化作業計畫時,與遷建新館一般,當時沒有幾個人寄予厚望,不要說軟、硬體皆無,就連一般從業人員都沒有幾個人認識到自動化的必要和重要。先生曾回憶說若干同仁建議維持傳統作業方式即可,不必多事改動,而上級主管單位也沒有推動自動化的概念,更沒有經費的支持。(見《書緣:圖書館生涯五十年》,頁149-150。)其實先生說的還有所保留,當

時反對的聲浪頗大，反對的人不僅袖手旁觀，並針對自動化諸多批評，對參與的人冷諷熱潮，對若干主事者更是常予為難，當時只可用「寒天冰水，點滴心頭」來形容。但是到民國 70 年起自動化的成果就顯示出來，而且在國際上受到比國內更多的重視與肯定，這和當時的美國東亞圖書館不斷找尋中國文字電腦處理的新技術有密切的關連。自動化作業呈現的效益可能比遷建新館來的更大，因為前者具有國際上的影響和專業上深遠的後續發展。

本書書名之中所謂「典範的時代」指的並不是一個豐裕的、美好的、沒有任何問題的外在環境；恰恰相反的，「典範的時代」具有強烈的磨難和困頓的色彩，惟其艱辛困難，才能襯托出足以引領盼望的理想人格，而這種時代與人格之間的關係可以由「王老師與中央圖書館」這個主題中自然透發出來。

以上說明我為什麼要寫這個主題的緣由以及我對於這一個主題的體認，下面再談談在寫作過程中個人的一些感受。在寫這個主題的過程中，我非常享受，就好像在春日時躺臥在青草地、溪水旁，迎面既有春風，又沐浴在和煦的陽光中。凡是接近過王老師的人都能感受的到，他就像是和煦的陽光，享受過的還想再親炙。

讀王老師寫的文章、聽王老師講話以及追隨王老師作事，莫不有這種享受的感覺。老師所寫的文字，無論是學

後記

術性的論著、或是別人書前的序介,甚至是起草的公文書稿,還有所訂定的法條規章,都有一個風格,就是簡潔流暢、縝密周詳,而且遣詞典雅,淺白易解。有人說王老師所寫的序極具可讀性,不僅提要鉤玄,點出要旨,而且能發原書中所未發,更能啟發讀者進一步去思考。事實上,這就是中國目錄學所強調的「辨章學術,考鏡源流」,若要探求原因的話,那不僅僅因為老師具有深厚的國學根柢和專業學養,還跟老師寬廣的胸懷以及練達的人情有關。其次,說到聽王老師講話,無論是講課或是會議發言、總結裁示,也有像前者一樣的特色,就是精簡扼要、條理分明,而且各方面都顧及到。難怪有人說,將王老師所講的話逐字記下來不加潤飾,就是一篇好文章。再者,追隨王老師作事,往往會有一股驅動力在裡面油然而生,奇怪的卻是王老師並沒有許多耳提面命交待部屬。那為什麼許多人都這樣「自動向化」呢?推究起來,應該是王老師獨特的領導風格,若要說的再詳細一點,包括王老師永遠是身先部屬,一馬當先;維護同仁,勇於承擔所有的責任;尊重聆聽,充份授權,親切鼓勵,關懷需要。曾經是王老師的學生,並且也在中央圖書館擔任過王老師秘書的薛吉雄先生說:「老師對待同仁,年長者尊敬有加,如兄如姐;年少者和和藹關懷,親如家人。」是非常貼切的描繪。

　　在寫作的過程中,每當我翻閱王老師自己的論著或是別人對王老師的描繪和記載時,就好像是回到過去王老師

擔任中央圖書館館長時的那段時間，許多美好的記憶就像是一瓶倒翻了的香水，芬芳的香味一下子迸發四溢，上面所提到王老師給人的種種感覺都在我內裏翻騰，並且不自覺的流瀉到筆尖（我的初稿是寫在稿紙上）。尤其在寫作的過程之中，我還有機會能不時親聆老師的指導教誨，更令我覺得分外的幸運。所以，在寫作的過程中，我非常享受。

這本書的內容，透過了許多文獻，整理歸納而成。王老師著述豐富，而且遍及圖書館專業的各個領域，我直接將老師精闢的見解引用到書內相關的地方，其中最重要而特殊的是老師所著的《書緣：圖書館生涯五十年》這本書（據該書自序中稱由中央圖書館前主任蘇精教授協助所成），從其中我引用了許多老師的回憶，請老師直接向這本書的讀者分享他的人生睿智、專業理念以及所經歷的種種事與人。再者，從過去直到現在，不斷有人表達王老師所帶來的影響，包括中央圖書館前館長蔣慰堂先生、圖書館先進嚴文郁教授、教育部前部長朱滙森先生、輔仁大學文學院前院長盧荷生教授以及諸多王老師的學生、部屬等，我也將他們所講的話直接引用在書內，其中最主要的一個資料來源是民國83年所編印的《寸心銘感集：王振鵠教授的小故事》，這本小冊由中央圖書館前主任張錦郎教授主編，篇幅雖然不多，卻滙集了許多發自內心對王老師的崇敬文字，而且是最貼近事實，也最直白的表達，透

後記

過這些表達,能幫助人直接認識到王老師待人行事真實的一面。此外,本書內每一章都挑選了一兩張能夠與內文相呼應的圖照,大多是勞請老師提供,以圖佐文,希望能收到「臨場」的效果。(文內圖照或由老師同意使用;或註明來源,由國家圖書館授權使用)

「王老師與中央圖書館」雖然是一個認識瞭解老師茂績的重要剖面,但是並未將老師在其他方面的貢獻,包括教育、學術研究等,兼含在內,這些當是下一本書的內容,我暫時將它訂名為「王振鵠教授與臺灣圖書館」。如今,先將其中最重要的一部分,也就是「王振鵠館長與國立中央圖書館」完成,讓我自己也能稍稍放心。

我要感謝的,也是眾多老師的學生和部屬們都想要表達的,就是謝謝老師,讓我能有機會作您的學生,不管聽您的課或追隨您作事,時間或長或短,那都是一輩子的福份,所得到的收穫和感受到的影響沒有任何時間和距離的限制。其次,是向師母在天之靈鞠躬致謝。在「王老師與中央圖書館」這個主題中,您看到的雖然是一位頂天立地的大丈夫,也是一位藹藹和煦的謙謙君子,其實師母無時不在老師的身傍,她始終隱身在後,但卻是老師隨時的幫助和支持。老師公私涇渭分明,在中央圖書館任內,師母絕少在大家面前出現。民國 75 年 9 月 27 日,中央圖書館新館啟用典禮的前一天晚上,部分同仁加班進行各項籌

備，約十點半左右，師母偕同長女王佩琪小姐，坐著計程車，帶著大包小包的點心食品，還都是熱騰騰的，親自送到圖書館，代表老師慰問同仁的辛苦，如今，那一幕鮮活的就好像是昨晚一般。謝謝師母，您將老師照顧的無微不至，為的是老師再來引導關懷我們。

我還要特別感謝業師臺灣大學吳明德名譽教授審閱初稿並賜序，退休後常到臺大圖書資訊系系館查找資料，偶爾會見到吳老師，每一次他都關問王老師的近況。王老師在中央圖書館任內推動圖書館自動化作業及其他多項業務時，吳老師都應邀參與、全力投入，吳老師也是王老師推動中央圖書館館務的見證人之一。

我也要感謝華藝數位公司常效宇董事長慨然出版本書，近年我在教學上注意到華藝所開發的「線上圖書館（Airti Library）」，足以代表臺灣的同質資料庫與大陸的「中國知網（CNKI）」相較，並且向國際邁進。華藝的學術出版兼含電子書，能將作品普及到年輕族群。當我與常董事長接洽出版時，他一口承允，並且接受我任性地希求降低書價、推廣閱讀的微衷。常董事長對王老師的尊崇令我感動；另外，他對圖書資訊理念的認識令我敬佩。在此同時感謝華藝學術出版社范雅竹經理以及謝佳珊責任編輯在最短的時間內處理出版諸事，他們所展現如陽光一般的熱情和效率，令我非常感佩。

後記

　　國家圖書館老同事杜立中先生協助我找尋中央圖書館過去的若干館務數據，這些數據不好找，他又輾轉洽詢館內其他單位，很費了一番力氣，補充了我需要的數據，好做王老師任內前後的比較，非常謝謝杜先生。謝謝國家圖書館高鵬主任協助我申請若干圖片的授權，在接洽的過程中，讓我充分感受到過去曾經一起為圖書館努力過的同事友誼。

　　最後，將這本書獻給內子，感謝她一直陪伴我共同接受老師的教誨。

顧力仁　謹誌
民國 103 年 1 月 16 日

國家圖書館出版品預行編目（CIP）資料

典範的時代和理想的人格：王振鵠館長與
國立中央圖書館 / 顧力仁著. -- 初版. -- 新北
市：華藝學術出版：華藝數位發行, 2014.03
面；公分
ISBN 978-986-5792-85-5（平裝）
1. 王振鵠 2. 國家圖書館 3. 圖書館事業
026.133　　　　　　　　　103006142

典範的時代和理想的人格
——王振鵠館長與國立中央圖書館

作　　者／顧力仁
責任編輯／謝佳珊
執行編輯／陳水福
美術編輯／林玫秀

發 行 人／鄭學淵
經　　理／范雅竹
發行業務／楊子朋
法律顧問／立暘法律事務所　歐宇倫律師
出　　版／華藝學術出版社（Airiti Press Inc.）
　　　　　地址：234 新北市永和區成功路一段 80 號 18 樓
　　　　　電話：(02)2926-6006　傳真：(02)2923-5151
　　　　　服務信箱：press@airiti.com
發　　行／華藝數位股份有限公司
　　　　　戶名（郵局／銀行）：華藝數位股份有限公司
　　　　　郵政劃撥帳號：50027465
　　　　　銀行匯款帳號：045039022102（國泰世華銀行　中和分行）
ISBN ／ 978-986-5792-85-5
出版日期／ 2014 年 3 月初版
定　　價／新台幣 250 元

版權所有・翻印必究　　Printed in Taiwan
（如有缺頁或破損，請寄回本社更換，謝謝）